横尾忠則
2017―2025
書評集

横尾忠則

光文社新書

まえがき

『本を読むのが苦手な僕はこんなふうに本を読んできた』に続いて、この本は二冊目の書評（朝日新聞）を集めた本です。前回の本の帯には「この本の中に、僕の考えてきたこと（創造のことから死のことまで）がすべて入っています」と書きました。

このことは今も変わりませんが、本書に収録された１３８編の書評で、さらに突っ込んで書いてきたように思います。

朝日の書評は月に２回、書評委員会の席に１００冊前後の編集部が選んだ本がプレゼンテーションされて、それぞれの書評委員が、書評の対象にしたい本に入札して、書者が決まります。

だけど、必ずしも書評を希望したい本が手に入るとは限りません。そんな時は僕はパスすることにしていました。題名と著者で判断するのですが、読み始めて、「これは違う」と判断して、結局、書評を断念することもしばしばありました。

今回の本は前回とかなり異なった書評が収録されています。というのは、書評そのものをビジュアルに表現できないものかと判断した結果、読むと同時に見る書評ができないかなと考えて、紙面上ではかなり解読不能な書評も、あえて実験的に試してみました。

本書には、なるべく紙上で発表された状態をそのまま再録しました。新聞紙上でこのような書評を見ていただいた方には、随分驚かれた方もおられて、賛否両論の意見もあったように思います。実際に、反論が読者投稿ページの「声」欄に掲載されたこともあり、その意見に対して僕がさらに書評の主旨を返答したこともありました。

にもかかわらず、その後何度もビジュアルな書評が掲載されたのは、社内的な評価が僕の書評を後押ししてくれたので、今もこのビジュアルによる書評を続行しているというわけです。どうぞ本書から、新聞紙上のややスキャンダリックな紙面を想像して楽しんで下さい。

横尾忠則

横尾忠則

2017-2025

書評集

目次

横尾忠則 2017-2025 書評集

ある日の彫刻家
それぞれの時
酒井忠康
未知谷　2017／7／23

芸術家は朝、目覚めと同時に「さて、今日は何をつくろう?」と思案するが、職人は昨日も今日も明日も作るものが決まっている。佐藤忠良は「同じ作品をつくる」職人を自認するが、彼はそれを警戒していたと著者は推察する。僕が佐藤に求めるのは革命的な芸術表現の実践ではなく、著者の言う「人間探求の場」としての創造行為である。

片や李《リ》禹《ウ》煥《ファン》は作風も素材も思考も佐藤と対極。「肉体は動いていなければならない」、動きながら自分という余計な枠を解き放って、知性と感性を超えた時間と空間を体感しながら普遍的な個を目指す、芸術の根本原理を探究する形《けい》而《じ》上《じょう》世界へと上昇する作家だと思う。

このような対極にある作家をも訪ね、創造の現場に入り、個展会場を旅しながら、語り、書き、読み、探りながら自己洞察する本書の著者の例を見ない批評エッセイに僕は上質の物語を見る。そして次第に作家に対する興味と同様、時にはそれ以上に、著者への人間探究に関心が移っていくことに気づき始める。

全ての作家との「刺激的な出会い」（著者）にも参入したいところだが、時間（?）がない。ところで本文で、作家と作品に触れる寸前（?）に著者の広範にわたる読書体験から様々な〈言葉〉がエピグラフとして引用されているのに気づきましたか。

例えば吉田一穂、リルケ、タゴール、ニーチェ、萩原朔太郎、西田幾多郎、スナイダー、スピノザ、レヴィ＝ストロース等。これらの人物の〈言葉〉が、これから出会う彫刻家に期待させ、同時に著者の思索がエピグラフの暗示によって、さて如何《いか》なる出会いのドラマに遭遇するのだろうかと想像するだけで胸がときめく。

読者と著者の同行二人、「ある日の彫刻家」を訪ね、「それぞれの時」の贅沢な至福の時間の中で、言葉の時空を漂流しながら著者の身体を通したインタレスティングに触れるのもお忘れなく。

死後の世界
東アジア宗教の回廊をゆく
立川武蔵
ぷねうま舎　2017／8／13

死者を身近に感じながらの生活や創作は僕にとっては必須条件です。ここが自分の終《つい》の棲《すみ》家《か》と信じたわけではないが自分の墓を建てました。墓は死を想う《メメントモリ》装置としては名案です。死は人類にとっても最も関心の高い観念でしょう。本書『死後の世界』は何らかの解答を与えてくれるでしょう。帯文には「死んだ後、私はどうなるのか?」と疑問を呈します。まさか〈死んだら無です!〉と、そう簡単にいのちの問題を切り捨てて、知の彼方に雲隠れを決め込んでしまう知識人の常套《じょうとう》手段には騙《だま》されまへんでェ、と手を塩で清めながら僕は本書に向かいました。

著者は自称仏教徒であり仏教学者である。本書は比較宗教学の視点から「仏教とヒンドゥー教の伝統の中で死というものがどのように考えられてきたか」を考察する。インドのヒンドゥー教寺院には位牌《いはい》、骨壺《こつつぼ》、お墓が見当たらない、など著者が歩いた東アジアの事例が紹介されている。ここでは、神や霊魂が実在するかどうかは問題としない。宗教というのは人間の文化的な営みだということを考えさせる本である。

だからか、著者個人は『死後の世界とは何か』、そういったことを私はあまり考えない」と述べる（でも本書は死後について考える書ではなかったのかな?-）。さらに「輪廻を信じたいと思う人が多くなっている」一方、「輪廻説を文字通り信じている人はほとんどいない」（オヤオヤ）。輪廻は死にたくても死ねない「絵空事」とも記し、「死んだ後の私の一番の問題は、火葬場の火の熱さ」だと、冗談のような現世的な肉体感覚に話は及び、輪廻は非科学的だと否定する。

ちょっと、マ、待ってください。浅学な僕ですが、これじゃ、生物、非生物を問わず輪廻は自然界の営みの中で繰り返す自然の摂理ではなかったのか。つまり人間だけが特別な存在として輪廻はしないのですか?

輪廻とは一度死の関門を通過した非解脱者の魂が一定期間を経て再び現世に転生するものとばかり、いつの頃からかそう信じていました。が、宗教学の専門家である著者は死後生も輪廻転生も信じておられない。ただ僕は職業柄、本能的に肉体（脳化された肉体）が発する内なる霊感《インスピレーション》の声に従ってきました。従って死が知的、唯物的に証明されなくとも、死に内在する意識（魂）のような存在は僕のＤＮＡの中の記憶として、実感しています。仏教徒であり、仏教学者の著者には弟子の疑問だと思ってください。僕は僕の直感に今後も従いながら、たとえ非科学的であろうと、魂の存在を認め、「死後の世界」に親和性を求め続けることになるでしょう。

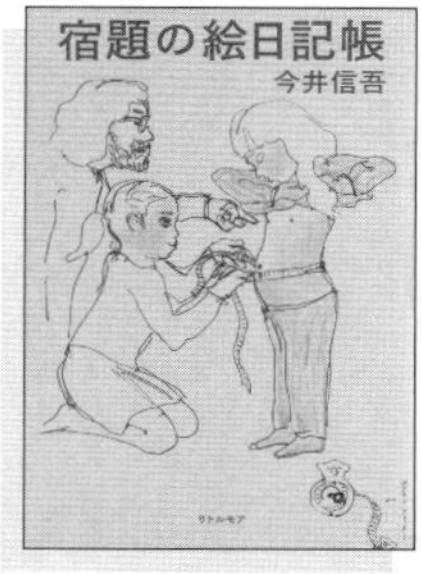

宿題の絵日記帳

今井信吾

リトルモア　2017／8／27

生まれつき耳の障害のある子供の2歳から6歳までの4年間、聾《ろう》話学校で子供と先生が会話をするための補助として、父親が描きつづけた子供の生活絵日記が本書。

主人公は麗《うらら》ちゃん。その父親は画家。いくら本職だといっても4年間、毎日ですよ、絵と文を書き続けるエネルギーはその背後によほどの何かがなきゃできるものではない。その〈何か〉とは、娘の不自由な耳を家族がひとかたまりになって、子供の言葉と発声を獲得していくまでの戦いに似た日々を指す。

著者である父親はボールペンの「安直な走り描き」「マンガチック」とおっしゃるが、何もここで芸術を創造することはない。子供に対する率直で素直な愛情があれば、それ以外のものは必要がない。

そんな父の絵日記帳を腕に抱きかかえながら麗ちゃんは毎日聾話学校に通った。絵日記につけられた文章は父の書いたものであるが、この文は麗ちゃんを含めた家族全員の想いと行動が、複数の人称を交差させながら耳に心地よい音楽を聴いているような感動を呼び起こしてくれる。

麗ちゃんの父の絵が示すように、どんどん耳の障害を克服しながら成長していくそんな娘の様子を父は「麗が獲得する言葉のひとつ、ひとつは、我家の宝物」と言う。彼女は三つ違いの香月お姉ちゃんとの信頼関係は固く、読むものに不思議な安心感を与える。お父さんっ子の麗ちゃんは父の血を引いて現在は画家として活躍している。

この絵日記帳は30年前のもので、長い間、今井家に眠り続けていたものだ。そんな30年前の麗ちゃんの成長と一家の歴史物語を、われわれは、まるで今日のできごととして眺める。彼女の言葉ひとつひとつに言霊《ことだま》が宿っており、そのユーモア・センスによって、家族ぐるみで落ち込まなかったのも、麗ちゃんの「笑える」言葉があったからだと父親の著者は感慨を抱く。

裕次郎
本村凌二
講談社　2017/9/10

♪俺《おい》らはドラマー　やくざなドラマー　俺らが叩けば　嵐を呼ぶぜ――♪

裕次郎ともろ同世代の僕は彼の歌は全部歌える。慎太郎刈りとボートネックにヨットシューズ。しかめっ面をしながら、足を引きずって歩く、そっくり裕次郎はあの時代、どこにでもいた。「赤い波止場」の神戸ロケ現場に駆けつけた時、有刺鉄線に足を引っかけた、あの日、あの時の僕は〈今〉も生きている。

裕次郎は僕たちに初めてアイデンティティーをくれた。身体性という肉体の獲得。裕次郎を源流とする身体性はメタモルフォーゼ（変態）しながら戦後の若者文化を創造する時代の核へと発展していった。そんな時代の裂け目に僕は裕次郎に会った。初対面の裕次郎は驚くほどシャイだった。その時僕は彼の中にアンファンテリズム（幼児性）を見た。そんな彼の魅力を著者は、衣服を剥ぎとるように裕次郎を裸にしながら彼の存在を浮き彫りにして、新しい時代の価値観と新しい人間像の創造を提示してくれる。

本書の冒頭にこんなエピソードが紹介されている。裕次郎がまだ10代になりたての頃、精魂こめて丹念に作りあげた模型飛行機を丘の頂上から飛ばした。風に乗った飛行機は松林を越えて、さらに彼方の町並みに消えていった。みんな後を追ったが裕次郎は「あれはもういいんだ」と首を振って笑った。その時、兄慎太郎は「弟にひそむ底知れない人間のもつ存在感にふれた」と告白する。このエピソードは裕次郎を知る上で非常に重要な意味を持つ。すでに、この頃から彼は国民的ヒーローとして運命づけられる因子を生まれながらに持っていたのである。

ここでは具体的な映画10本を挙げ、虚像と実像の狭間《はざま》を埋めながら、焼け野原を経験した同世代の人間と、例えば平成の人間との間の、異なった歴史観を、裕次郎体験を通して、両者の共通言語を模索しようとする次元に読者を誘う。

コンプレックス文化論

武田砂鉄

文芸春秋　2017/9/24

コンプレックスはコレステロールみたいになくても困る、多くても困る程度のまあ生活必需品だと思えばいいのです。皆、コンプレックスを抱えて社会の土石流の中を渡ってきて、気がついたら向こう岸に立っていた。

本書は、天然パーマ、下戸、一重まぶた、背が低い、ハゲなどなどに悩む人たち10人と著者との対話による文化論（?）で、コンプレックスを露呈したり、時には礼賛しながら、結構、コンプレックスを飼育している。僕だって似たり寄ったりのプロセスを踏んできたのでよーく分かります。

60年代のN・Yにはアフロヘアが流行り、ジミヘンやディランのコピーが通りを埋め、韓流スターの男優はほぼ全員が一重まぶた。チャップリンもキートンも小さいのが才能。スキンヘッドだって流行のファッションだった。何も恐れることはない（別に恐れていないか?・）。僕もこの場を借りてコンプレックスについて考えてみた。

コンプレックスは、まず、脳と身体をひとつに結びつけ、身体を脳の支配下に置いたところに問題があるのではないか。コンプレックスとは一種の思い込みが発生させた。脳と身体を一体化させたことが間違いだ。

脳は悩み苦しみ、悲しみ、迷うのが大好きだ。脳に対して身体は、それ自体の存在に常に忠実であろうとする。身体は脳のように感情に支配されることはない。身体はそれ自体に従おうとする特性がある。そんな身体が脳の属性であるという思い込みがすでにコンプレックスを創造する。脳が勝手に「俺はチビだ、ハゲだ」と決めつけたに過ぎない。そんな脳を身体が蹴っ飛ばせばいい。脳が自分だと思う前に身体こそ「我なり」と認めればいい。

それができないのなら、あなた、あなたのコンプレックスは運命だと諦めて下さい。でなきゃ「脳はNO!」と喧嘩を売ればいい。まあ、ご随意に。

都市と野生の思考
鷲田清一　山極寿一
インターナショナル新書　2017／10／15

中学時代のアイドル♡江戸川乱歩『怪人二十面相』と南洋一郎『密林の王者』が現在のワシを作った。都心の焼け跡に建つお屋敷の地下室とアフリカの密林の奥の洞窟はワシの中で都市と野生をひと繋《つな》ぎにした。

本書は二十面相とターザンが知と知の饗宴《きょうえん》、肉と肉の激突によって「頭がええ」部分よりも「おもろい」部分で対決する二人のデスマッチでワシは大いに期待したのである。

鷲田学長は都市の暗黒街に美を漁《あさ》るファッショナブルな怪人二十面相に変装。片や、山極総長にはゴリラに育てられた野生のみなし児ターザンを演じてもらおう。二十面相と類猿人ターザンのアンファンテリズム（幼児性）対決にパンドラの函《はこ》が開いて血湧き肉躍るあの日。

ワシの中に幼児性を発見したのも都市と野生の対決を鷲掴《わしづか》みにしたからである。

今、二人が知のぬいぐるみを脱ぎ捨てて、肉体派の学者に転じた瞬間に読者は立ち会っているのである。二人の思考のダシの素は無目的なアートと遊戯にある。アートには目的がない？　そんなことない。アート行為それ自体が目的や。遊びと同んなじでっしゃ。結果も考えまへん。学問とは違いまっせ。アートも遊びもプロセスが「おもろい」のや。山極曰《いわ》く「頭のええ、小回りのきく賢い学者」は、アートや遊びは無用の長物だと思ったはるに違いない。

シルクハットに仮面にマントの鷲田二十面相と、腰巻き一丁、手に短刀、小脇にジェーンの山極ターザン、雄叫《おたけ》びを上げながらゴリラに教わった野生の哲学でモダニスト二十面相に憑依《ひょうい》した鷲田に襲いかかる。と、五条の大橋でひらりと身をかわす美の盗賊の次なる一手は？　ここ、東山三十六峰草木も眠る丑《うし》三つ刻。加茂の河原に突如闇を劈《つんざ》く剣戟《けんげき》のひびき！　そこに出現したヒトラー。「戦いは虚無だ！」

（ここでハタと眼が醒めてしまいました）

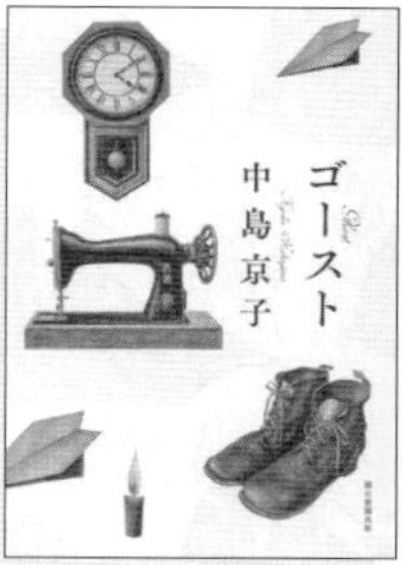

ゴースト

中島京子

朝日新聞出版　2017／10／29

文豪の怪談小説は別として現代小説のこの手の本は初めてです。怪談の醍醐味はジトッと濡《ぬ》れてジワーッと足音もなくひたひたと近づくあの見えない恐怖です。死者が生きていることの恐怖です。息も絶え、血も凍り、筋肉も硬直した死者が精神活動をしながら生きているその存在が幽霊なんでしょ？　本書では「ゴースト」です。

『ゴースト』は死者が成仏できないまま生前の姿になって、この世に迷い出て、生者に怨念を晴らすというような、前近代的な因果応報のヒュードロドロ物語ではありません。恐ろしくも怖くもない現代のゴースト物語集です。都市から幽霊が消滅したのではなく今もひっそり「そこ」にいるのです。でもわれわれの心が巧妙に擬態しているために「それ」が見えないのです。ではなぜ「それ」が「そこ」にいるのかというと彼等《ら》は話を聞いてもらいたいのです。本書ではそんな「それ」が頁《ページ》の隅々から語りかけてきます。「それ」が幽霊だと主張してもなかなか認められない。だからソーッとドアを開けて「不安定な足元をよろつかせながら」最後は消えていくのです。彼らにとってはこちらもあちらもないあの泉鏡花の中間世界〈たそがれ〉の中に消えるしかないのです。

第一話の男Wは幽霊と会っていても、自分が認識できない。一軒の家を訪ねる度に三人の女に会うが、それは一人の幽霊で、少女期や初老期など異なる年齢の姿で現れるのです。最後に訪ねた時、その家は跡形もなかった。「おっ！」怪談の伝統が生きてるじゃん。あの上田秋成の「浅茅《あさじ》が宿」です。と同時に佐藤春夫の「文学の極意は怪談である」云々が想起されます。

『ゴースト』は、日常をビジュアルに細部まで描きながら、カラリと乾いたサラリとした空気感のある文体で「ゴースト」をやや寂しい姿に描いてますが、本書の読者には見えざる彼等の存在がきっと脳内視できるんじゃないでしょうか。

高倉健
七つの顔を隠し続けた男
森功
講談社　2017／11／5

「健さん」の愛称で親しまれた高倉健が逝って3回目の命日（11月10日）が5日後にやってくる。

1960年代の東映任侠《にんきょう》映画の「日本侠客伝」第一作から遺作「あなたへ」までの健さんの中にみた死を抱きかかえる彼の肉体の美学から僕は目が離せなかった。ところがその肉体の死と同時にメディアやジャーナリズムは地中に眠る巨人ゴーレムを白昼に引きずり出す作業を始めた。

スターの宿命でもある健さんの私生活は常に闇の中に幽閉され、彼の寡黙さと同様、凍結した厚い沈黙の壁があった。それが崩れ始める時、そこから浮上してくるのは義理と人情を秤《はかり》にかけたような迷路化した複雑な人間関係である。任侠映画を地でいくような人生の裏街道のるつぼの中で人間高倉健の苦悩は頂点に達するかのように映る。

やくざ役の健さんが実像と同一化されていくことに迷い、同じ一体化するならもう少しマシな人間像を演じる作品と出合い、それを実現してくれる監督と組むことで虚像と実像の新たな一体化を図ろうとする。そこに彼の死生観を位置づけることで、彼の本能は原郷に戻ろうとしたのだろう。

健さんは自らを不器用な人間と認めることで極力「演技」の枠の外で演じようとする。不器用さをカムフラージュすることで自然体としての高倉健を演じればいいわけである。ところが映画の中の健さんと映画の外の健さんの区別が次第に曖昧《あいまい》になってくる。むしろその方が自然体としての演技ができると思い始めたのだろう。しかし、映画の中で実像を、現実生活の中で虚像を無意識に演じているという二面性に気づき始める時、新たな苦悩に襲われる。つまり両者が刺し違えることになるからだ。

ここで浮上するのが表現の問題である。もし高倉健が、高倉健を演じ始めるとそこに創造上の破綻《はたん》が生じ始めはしないか。芸術が必要以上にマジになることの危険性がここにある。

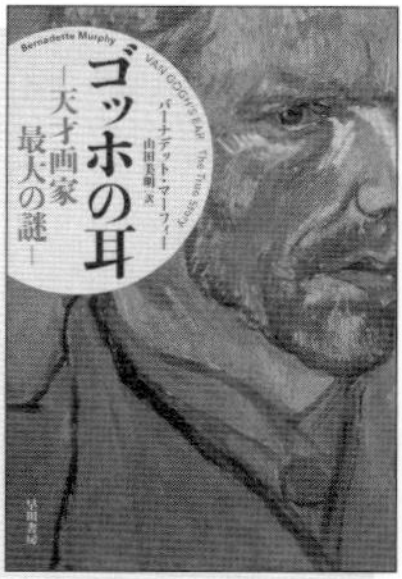

ゴッホの耳
天才画家　最大の謎
バーナデット・マーフィー　山田美明訳
早川書房　２０１７／11／19

時間を持て余しているひとりの退屈な暇人が、たまたまゴッホが住んでいたアルルに近い土地の住人であるという理由だけで、ゴッホの絵をあまり見たことも関心もないというのに、あの有名なゴッホの耳切り事件に異常な興味を覚えて、研究者も顔負けの追跡調査を始めた。

アルルに住んでいた1万5千人以上のデータベースから膨大な情報を得て、この一風変わった事件の全容解明に何千時間も費やす。美術の専門家でさえ今さらさほど重視しないと思うエキセントリックなエピソードに全身全霊取り組むその執念はまるでＦＢＩだ。

当時の警察でさえ軽く素通りした出来事を１２８年後にこの偏執狂的素人探偵が再発掘。全容の解明に7年間の歳月をかけて、ゴッホの耳切り事件がなぜ起こったのか、その理由は？　意味は？　目的は？　と問いかけていく。

ゴッホの耳がスコーンと全部切り落とされたのか、いや耳たぶだけなのか、凶器がナイフなのか剃刀《かみそり》によるものなのか、切られた耳を献上した相手が娼婦《しょうふ》だったのか娼館の掃除婦だったのか、どっちでもよさそうなそんな疑問を執拗に追いかける。

本書の主題はあくまでも耳切り事件の真相の究明のはずであるが、そんなことよりも、著者の偏執狂的かつ俗臭性に僕はあきれ果てて、この猟奇的事件に全人生（？）をかけて追求していくそのひとりの人間の執念に視点が移されてしまった。

耳がどうした、こうしたというような別に犯罪でもなく犯人がいるわけでもなく、真相（？）がわかったからとて、ゴッホの芸術の評価が根底からひっくり返るわけでもない一見無駄！　としか思えない事柄に、ここまで情熱をかけるその精神的根拠は一体どこにあるのか？　興味尽きない著者への関心である。

著者は様々な事象を結びつけながら迷路の底に墜《お》ちていく。真相解明が複雑化する。寄せられる情報の中にはガセネタもあるだろうし、そんなものに振り回されながらも終わりのない結論に向かう。

しかし著者はこのプロジェクトで価値ある多くの経験と収穫を得たと満足げに語る。

本書のエピグラフに著者はシェークスピアの『恋の骨折り損』から次の言葉を引用する。

「真理の光を求め、大変な思いをして本にかじりついたとしても、そうしている間に真理に惑わされて目が疲れ何も見えなくなってしまう」

この言葉に著者自らの本心が露呈しているように見えなくもない。ゴッホの耳に恋した著者の行為が果たして「骨折り損」であったかどうかは読者の決めるべき問題ではなさそうだ。

田舎暮らしと哲学
木原武一
新潮社　2017／12／3

田舎で子供を育てたいという想いから千葉の外房に家を建てて一家3人が移住した。雨水でご飯を炊くような水の不自由な土地で過酷な自然を相手に一歩も引かずに来られたのは楽天一家の希望があったからだ。

だけど田舎暮らしには田舎のルール「相互扶助」の精神が不可欠。他者に対する献身的な善意など懐疑的、人間関係は家族であっても淡泊、本心むき出しの人間を嫌悪、田舎の慣習は性に合わない、そんな夫が妻の一言「郷に入っては、郷に従え、よ」で協調性に傾く。追い打ちをかけるように区長が「昔から、そういうふうになっているんですよ」と問答無用。僕は思わず笑ってしまったが、すでに哲学の予感にざわめく。そしてあらゆる局面で著者は万巻の書から適切な言葉を引用しながら哲学談義を始める。

さらに妻の稀有《けう》な存在感に触れる時、読者は彼女の人間愛の磁力の中で至福を感じ、幸せな気分にさせられる。そんな絶頂の時、彼女は死に見舞われる。

それで物語（？）が終わったわけではない。読者のひとりとしてある種の喪失感を受けるが、本心を抑えた著者の淡泊な時間は過去を振り返らず未来に向かう。カオルと呼ぶ新しい人生の伴侶を得た著者は今まで以上に自然と共生共存、「自家生産自家消費」。家庭菜園なんてもんじゃない、人の手をわずらわせない自然農法に一歩接近、なにもしない農法はもはや悟性の域。

さらに2人は生活必需品製造に挑戦。カオルの注文に応じ、生活用品も夫が創造。工作の「観念の形象化」はそれ自体が芸術的理念の達成である。妻のコンセプトに夫が形象を与える。この2人のコラボはまるで陸の孤島でのロビンソン・クルーソーの生活だ。

このような日々の野良仕事と工作における達成感を、米国心理学者W・ジェイムズは、戦争のように人びとを熱中させるところから「戦争の道徳的等価物」と呼んだ。田園は哲学の宝庫！

鳥獣戯画

磯﨑憲一郎

講談社　2017／12／17

㋑（＝磯﨑）作品はすべて未完だと横尾さん言うけど、僕の小説も未完の連続です。㋵（＝横尾）登場人物が突然消えて二度と現れない。㋑飽きないように飽きないように書いてます。㋵そう、飽きないために人物を消しちゃうのね（笑）。㋑話にオチを付けなくても小説は成り立つ。㋵日常生活でいちいちオチなどつけない。勝手に始まって、勝手に終わる。㋑絵に似てますよね。㋵ストーリーを追いかけられるのを拒否しているね。絵でいうと造形していくのに似ていて、読者が作家と同じ立場にたって書くようにこの小説を作っていく。㋑まさしく、そこを書評して下さい。テーマやストーリーはどうでもよくて書いている時のタッチとか絵で言う色とか、絵を描く感触、それを優先している小説なんです。㋵途中で主人公がいなくなっても知らんぷり。㋑そこは違うタッチが必要だった。だから突然、㋵明恵上人の話に、㋑ガラッと変わった。㋵ハッハッハッハ。ところであの女優はどこへ？㋑僕にもわからない。㋵読み手も無責任になって、マッエエカ！と。㋑そう思ってくれると嬉しいです。㋵ゴッホの絵はモチーフはどうでもいい、絵の具の物質感が問題、そこを見る。あの絵の具の感じが磯﨑憲一郎の小説の言葉なんだよね。㋑まさしくそうで、今言われた「絵の具」としての言葉を使っているわけです。大事なのは文章の質感だと思う。小説ではそれを優先させなきゃいけないと思っているんです。

㋵絵は事件です。結末は予測できない。あなたも事前の設計図がないと言う。僕も航海図なしで船出する。㋑僕も書き上がるまで、どこへ行くのか？　言葉によって言葉で表し得ないものを表そうとしている。僕は美術や音楽に近い小説を書こうとしているんです。㋵明恵を出した時、僕はアッシジの聖フランシスコを思い出した。二人が鳥と会話するだけではなく、どんどん衣服を脱ぎ捨てていく。磯﨑さんも書きながら自分を脱いでいく。僕の絵と同じことをやっている。共感したね。㋑僕は現実よりも小説の方を上位においているんです。㋵僕も面白い日記を書くためにわざと面白い行動に出て日記を面白くする。㋑小説が現実を押し広げる。小説が先にある。㋵小説が磯﨑を作る。僕は芸術家は芸術のための下僕であるべきだと思う。生活と創造の一体を意外と勘違いしていると思う。芸術によって人間が仕上がるんです。デュシャンやピカソ、キリコがそう。生き方を作品化するのではなくその逆。それは悟りへの道だね。㋑迷いがないですよね。㋵滝行や座禅しなくてもいい。作品が作者を導き、小説が小説家を解脱させるんです。

煉獄と地獄
ヨーロッパ中世文学と一般信徒の死生観
松田隆美
ぷねうま舎　2018／1／14

人は死後、どこへ行くのか、どこだっていいじゃないか、死んだら無さ、いいえ、霊魂になって天国か地獄のどちらかじゃないの？

中世ヨーロッパ文学で、死後の実相が詳細に描かれた『トゥヌクダルスの幻視』や『聖パトリキウスの煉獄譚』によると、死者がまず最初に行く場所は天国でも地獄でもない、煉獄という場所である。ここには死者の今後の運命を決定する待合場所がある（天使が魂を天秤にかけて罪の重さを計量する所で、そんな絵を見たことあるでしょう?-）。日本的には「十王図」で閻魔《えんま》王の前で死者が鏡をのぞかされる情景、アレの西洋版と思えばいい。

煉獄といっても地獄の一部であって、たとえ責め苦を受けたとしても浄罪が終われば永久地獄に墜ちる者と天国を約束される者（喜ぶのはまだ早い）とに分かれる。生前の善行悪行が死後の行き先を決定する段階で、煉獄の苦しみに、家族の夢枕に立って「祈って欲しい」と訴える魂だっている。が、臨終の苦しみを忍耐強く耐えた魂は煉獄を抜けられる（だとすれば安楽死は考えもんですよね）。

煉獄での待機期間を終えた者は地上の楽園に迎えられるが、ここは本当の天国ではない（ダンテの『神曲』を参照）。天国とはダンテがベアトリーチェに導かれるあの場所で、仏教的には輪廻転生の終わった者のみに与えられる不退の土《ど》である涅槃《ねはん》を指すのではないだろうか。

煉獄譚の持つ魅力は不思議に説得力があり、とてもファンタジーとは思えないリアリティーがあるが、決して現世軽視ではない。幸いわれわれはダンテの『神曲』によって煉獄を経験することができる。

本書はここで終わったわけではないが、わたくし的には〈死は死にまかせるがいい〉、生身の人間にとっては天国も地獄もこの世にしかない。かつてこの世にあった動植物も死滅し、文明の終末時計も地獄を刻み始めたと思えてならない。

いのち
瀬戸内寂聴
講談社　2018／1／28

「元気という病気」を自認していた著者がたて続けに大病に見舞われ、度重なる入院生活から無事帰還したその日から本書『いのち』が始まる。

自我（文学）と悟性（宗教）の境界を分ける二河白道《にがびゃくどう》を軽業師のように駆け抜ける小説家が病魔に襲われ、「死にたい！」と慟哭《どうこく》。心配無用！　白道の先に待つ阿弥陀如来の加護を受けた著者は、ついに最後の（？）小説を上梓《じょうし》した。

導入部の秘書まなほ（本書ではモナ）との抱腹絶倒かけ合い漫才に多くのファンは楽天的な著者の「元気という病気」の回復劇を祝したのも束の間、期待は見事に裏切られてしまう。

三人三様の女性作家の俗界の魔境の深奥で男と女の愛憎の沸騰する河底を渦巻く濁流の情

念の土石流に、あゝなんとけばけばしい業の美意識よ、とかなんとか意味不明の言葉しか浮かばないもどかしさにただただ嘆息するしかない。

それにしても文学の誕生の背景には性と死の幻想が折り重なって寸善尺魔のこの人間関係を、これでもか、と暴き出しながら破滅的欲望丸出しで生き返るそのしたたかさが女性文学なのかなあ、とまあじっくり味わっていただきたい。

本書の末尾に著者は「あの世から生れ変っても、私はまた小説家でありたい。それも女の」と結ぶ。彼女の人生は今生で大団円を迎え、終止符が打たれるものとばかり思っていたら、とんでもない、この続きは来世へ持ち越されることが予告されているのだ。

したいこと、書きたいことがまだ吐き出し切れず、業（カルマ）の残り火がチロチロ瞬きながら阿頼耶識《あらやしき》で着々と来世への再生の準備が進められているのだろうか。カルマによる義務の遂行のためには未完の人生を仕上げる必要があり、この世に再び戻ってくるしかない。因縁深い2人の女性作家（河野多惠子と大庭みな子）と一緒にお手々つないで『いのち』の恐ろしい祭りの続きが始まりそう。

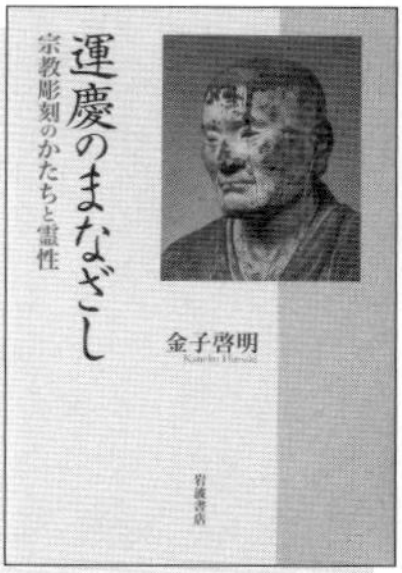

運慶のまなざし
宗教彫刻のかたちと霊性
金子啓明
岩波書店　２０１８／２／４

夏目漱石の『夢十夜』の中で、仁王像を公衆の面前で彫る運慶の姿を漱石は夢で見た。夢の中の見物人の一人が仁王は木の中に埋まっていると言う。そんな立ち話を聞いた漱石は「彫刻とはそんなものか」と初めて木の中の仏の存在を知った。もしかして運慶が漱石に夢を見せてそのことを知らせたかったのかも知れない。運慶は夢は神仏からの霊的なメッセージだと信じて、同時代の明恵上人のごとく、重要な事柄の判断を夢に託し、神仏の霊的な働きを重視して、夢をかの世界との通路とみなした。

神仏の働きを信じる運慶は彫刻家であると同時に僧侶でもあり、その務めとして日々写経に興じた。写経に通じることで神仏の功徳の力を得、心の浄化、すなわち五官と意識が清められることによって、創造行為を神仏の世界と一体化させようとしたのではないだろうか。

宗教的な精神の深みを自己の内部に移植することによって「他者に対して積極的に慈悲心を向けるという、大乗仏教の根本」に運慶の創造的造形力のまなざしと僧侶としての精神のまなざしを交差させることで、そこに霊性を宿らせようと図ったに違いない。

霊性とは、芸術と宗教が合体する次元において、知性や感性を超越して成立するものである。仏像は信仰の対象として、信仰者の思念が凝縮したエネルギー体となる。このエネルギー体は、作者の芸術的想念の磁場を形成しながら波動体となって、運慶の二つのまなざしがブレンドし、シェークする。

僕は、この運慶の二つのまなざしがとてつもない強大な霊力を持つことから、今日の芸術の失われた、というか見落としている芸術と宗教（いやなら精神といってもいい）の両者の交配によって、霊性への道が開かれるのではないかと予測する。縦糸を芸術、横糸が宗教、その両者が交差するところに霊性が生じるのでは……。

ハックルベリー・フィンの冒けん

マーク・トウェイン　柴田元幸訳

研究社　2018／2／18

　133年前の名作がなぜ書評に？　驚きますよね。頁を開くと漢字は数えるほど。平仮名と片仮名ずくめ。題名も「冒険」ではなく「冒けん」。児童本？「NO!」。従来の翻訳は「何が語られているか」が問題。本書は違います、「どう語られているか」が重要。浮浪者のような少年ハックが一人称で語り、そして書く（スペルの間違いにも無頓着）方言も翻訳者が素晴らしい口語体に訳し、あの時代、あの場所に読者をアブダクト（拉致）してくれる。アメリカ文学はここから始まったとヘミングウェーに言わしめた、マーク・トウェインの歴史的記念碑作でもあります。

　本書の前編『トム・ソーヤーの冒険』は毒気の抜けた良い子のための児童書って感じだが、

某批評家はトムを「good bad boy」と呼び、ハックを「bad bad boy」と呼ぶ。『ハックルベリー・フィンの冒けん』は人種差別に対する痛烈な批判によって悪漢小説として禁書に選定されたこともあります。

ちょっと話題を挿絵に振ると、ここにはノーマン・ロックウェルの原質がある。まるで舞台の名演技を見ているように思えます。

ハックは自由奔放で無防備、無手勝流。黒人ジムとのロードムービー的川下りには南部の生活が生き生きと活写され、それがぼくたちの子供時代の原郷へ魂が運ばれていくそんな現実と幻想の中で、内なる野性の少年魂の呼吸がうずく。学校に興味のなかった僕たちガキ大将の集団は野山や川を疾風のように駆け抜ける野盗の一団で、誰もがハックでトムになりたがる奴はひとりもいなかった。

僕たちが抱えているパンドラの函《はこ》にはヤバイ、ダサイ、エグイ冒険心と不透明な悪意がどっさり詰まっていた。その中身は老年期真っただ中で創造の宝物に変わって今こそ必要とするハック魂に気づかされた思いです。本書は老年期のための大人の児童書だと勝手にきめつけています。

津波の霊たち
3・11　死と生の物語
リチャード・ロイド・パリー　濱野大道訳
早川書房　2018／3／11

千聖《ちさと》ちゃんが夜中に突然「学校がなくなった！」「大きな地震が来る」と泣きわめいた。あの3月11日の震災前のある夜のことだった。地震が起きるその朝、千聖ちゃんは不機嫌なまま元気がないまま登校した。友人たちは彼女のことを「監視カメラ」と呼んだ。他の11歳の子供たちが察知できないことを予知するからだ。

そして午後2時46分に揺れが始まった。その頃大川小学校では何が起こっていたのか。児童は地震後、校庭で50分待機させられた。

「おれたち、ここにいたら死ぬべや！」

児童の悲愴な言葉に耳をかさなかった先生。そんな謎を残したまま74人は津波にのみ込まれてしまった。

その晩、とうとう千聖ちゃんは戻らなかった。身を切るような極寒の夜、圧倒的な静寂、天空の無数の星、かつてこの地区の誰もが見たことのない驚異の夜空。灯《あか》りひとつない漆黒の地上。〈雪が降りはじめた〉。

翌朝、〈原子爆弾が落とされたみたい〉。車、トラック、船、死体が高い建物の上へと持ち上げられていた。ダンテの地獄の挿絵のように瓦礫《がれき》の下から突き出た子どもたちの脚と腕。眼から絶えず血の涙を流す泥に埋まった児童。五感を閉じたくなる惨状の報告に頁をめくる指が止まる。

そんな中で「死ぬのはどんな気持ちなのか」。荒れ狂う津波にのみ込まれながら奇跡的に助かった公務員の今野さんが死を目前にして発した言葉は「もう終わりだ、ごめん」だった。過去の記憶が走馬灯のように頭の中を駆け巡った。このまま死んでしまった多くの魂はその後、沢山の人々に霊となって目撃されている。さらに被災者の支援を続ける仏教僧の金田住職の元には、生に未練と執着を残したまま死んだ霊たちが魂の救済を求めてあとを絶たない。現地を何度も訪れて本書を書いた英国のジャーナリストの驚異の報告書は正に現代の「死者の書」として永久に日本人の心の中に留められるだろう。

お寺はじめました

渡邊源昇

原書房　2018／4／14

「お寺はじめました」と一言で片付けてしまうほど簡単な話ではないのです。
15歳で同級生の住職の父親に「お坊さんにならないか」と声を掛けられて「なります」と即答。住職が「楽しそう」に見えたからと言って遊び半分で釈迦がすべてを捨てて仏道の世界に入ったことと同じ道を歩むにはよほどの覚悟か宿命的な仏縁がなければ出家などできるものではない。

きっと腰がくだけて日蓮宗の総本山身延山久遠寺から逃亡、下山するに違いないと手ぐすね引きながら脱落する瞬間を期待（?）していたにもかかわらず、この若者は世界三大修行のひとつ加行所（荒行）という死の寸前まで身を投じる極限の修行まで完遂、その結果「自分の中にも仏がいる」ことを自覚する域にまで到達。彼の修行には内なる仏の体験があって初めて、自分と向き合う〈生き方〉が可能で、感動を超えて、異次元の領域に接触した気分にさせられた。でもご本人はそんな過酷な修行に対する愚痴など一言もなく、自然体に淡々と掃除中心の日々の修行で生活を描いて見せる。

本書の趣旨は一からお寺をやってみたいというお寺活動である。そのために民家を借りて、そこを拠点に布教活動をしながらお寺に人々を寄せ集めなければならない。たったひとりの寺活動は何の商売をするより大変だ。総本山での骨身を削る修行の体験があって初めてできる大事業である。

僕は本書を読みながら何度もかつての中学生が決意したあの発心は一体何だったんだろうと考えると、不思議な気持ちにさせられる。彼の中の内なる仏が同行二人となってあの修行とお寺造りに力を添えることだろう。彼の周辺にはいろんな人たちが集まってきている。「なぜ寺を建てるの？」と友人の住職にきかれ、「好きでやってますから」と答えるこの言葉が全てを語っている。僕の一番好きなところだ。そして、気に入っている。

不染鉄之画集

不染鉄

求龍堂　2018／4／28

没後40年の闇の底から「幻の天才画家・不染鉄《ふせんてつ》、現る」というキャッチコピーと、「有名になれず　こんな画をかくようになっちゃった　だけどいゝよねえ」という作者の弁。この二つの言葉がこの作者の全てを物語っている。

今まで一度も聞いたことのない「不染鉄」という画家の名は、日本美術史の文脈にはほとんどその姿を現さなかったが、昨年、彼の集大成ともいえる個展が東京ステーションギャラリーであり、初めてその全貌にお目にかかり、驚天動地（やゝオーバー）。以来、僕の胸をざわつかせ続けている。確かにメジャー作家としての運はなかったが、その道の権威ある展覧会では受賞を重ねている。

東京で生まれ、村山槐多《かいた》や上村松篁《しょうこう》らと親交を持っていたにもかかわらず、やや蚊帳の外? そんな不染鉄は次第に自信を失《な》くし、寂しい心情を「心細いのを涙が出そうなのを画にかいてやろう」と決意するが、一方放蕩《ほうとう》も続け、深川洲崎の花街通いを始める。その途上で知り合った妻と共に伊豆大島へ向かい、居を構えるが、病弱の妻を残して単身京都へ。1年後に「京都にいる」という便りを妻に送る。その後も各地を移動しながら自らの芸術の研《けん》鑽《さん》に努力する。後に記憶で描いた回想の伊豆大島の漁村風景は傑作だ。

漁村ののどかでおおらかな開けっぴろげの生活に、超自然的な海底風景を重層させたトランスピアランス(透明)的異相空間。そんな「お伽噺《とぎばなし》」のような夢幻境域には観る者の想像力を刺激する力がある。僕の空想はアニメ「崖の上のポニョ」の海底に没した家の辺りを回遊する魚群のファンタジーの世界へと誘《いざな》われるのだった。

84歳の生涯を締めくくる最晩年の浄土的作品は、終の棲家となったあばら屋で描いた仏画を彷彿《ほうふつ》とさせる闇と光の交差した交響楽のようなズッシリとした作品で、伊豆大島の漁村や富士山を描いた牧歌的な記憶の風景画とは一線を画する。死を間近にした老画家が垣間見《かいまみ》た浄土への憧憬《しょうけい》風景になっているからだろうか。

さらに漆黒の闇の中を走る夜行列車の灯りが並んだように佇《たたず》む民家のゾクッとする怪しさと、一方、薄日、雨の降る中にずらっと並んだ地蔵群はまるで集合記念写真のようだ。

そんな仏画的絵画と対《つい》をなすような黄金に輝く、金粉を頭からかぶったような極楽浄土「落葉浄土」や「いちょう」と題するゴージャスな絵画空間を形成する。それがどことなくエロティックなのは、巨大なイチョウの樹の黒い無数の枝がメドゥーサの蛇に見えて、それらがからみ合っている姿に祝祭的な性の饗宴の凄さを見てしまう僕の妄想なのかしら。

風俗画
日常へのまなざし
高橋明也〈責任編集〉 青柳正規ほか監修
集英社 2018/5/5

ここに一冊の画集がある。いきなり解説文を読むのは後廻しにして、目垢《あか》のつくまで絵を凝視して妄想し、脳から言葉と観念を排して感覚を全開、肉体ごと絵の大海に没して、絵の一部になってもらいたい。

以上の儀式が終われば、解説文に目を落として結構です。解説文にとらわれると、知識の範疇《はんちゅう》からあなたは自由を束縛される。

紹介する画集は『風俗画』である。風俗産業の風俗と勘違いして秘宝館を連想する人などはいないという前提で、話を進めよう。

ギリシャ、ローマに端を発し、ルネサンスを経て、その全盛期は印象派時代を頂点とする風俗画。本書は、①社会のなかの虚実、②家庭と日常生活、③情熱とエロティシズムの3章を通して、画家を取りまく時代と社会を足場にしながら、自由奔放に風俗の表層から深淵に。肉体ごと対峙した作品は、儀式的鑑賞力によって芸術的感性があなたの中で達成されたはずである。

本書では中世から近代のピカソまでの作品が前記のテーマに従って、かなり珍しい作品にまで視野を広げて西洋の風俗画の歴史を一望できるよう編集されている。われわれは、これらの絵画を通して人類の歴史と絵画の遍歴を体感できる。

本書の冒頭に掲載されているピーテル・ブリューゲル（父）は「大人の愚行を子どもの遊びを通して」描いているが、この絵の中の情景は本書の他の作品の源流でもあり、頁を捲《めく》るごとに主題を変えて様々に展開する。

②の家庭と日常生活の章では、日常生活の安逸なつつしみ深さを感じなくもないが、③の情熱とエロティシズムでは一挙に男女の情欲が沸騰したような性愛の饗宴に早変わりするのは圧巻（?·）。オットー・ディックスは性の乱気流の極限だ。なんと画面中央下には、パックリ開いた女性器がこちらを見て笑っているではないか！　人間が地上に存続する限り、風俗画は永遠である。

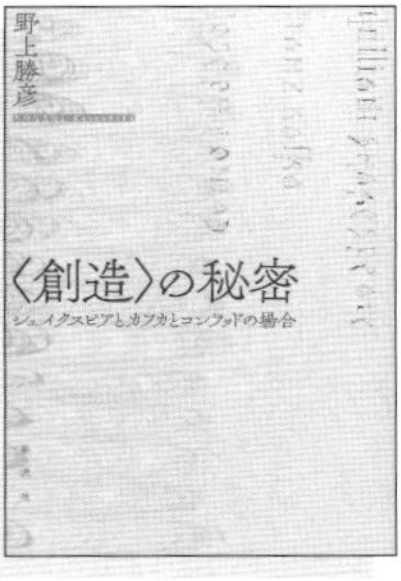

〈創造〉の秘密
シェイクスピアとカフカとコンラッドの場合
野上勝彦
彩流社　2018／5／19

「創造」とは、何か。辞書によると「新たに造ること、神が宇宙を造ること」ともうひとつ要領を得ない。創造性の本態については哲学者の命題でもあり、明快な結論は導き出されておらず、創造性は知性とは別個の感覚であるらしいと著者。創造的に仕事をしたアインシュタインやエジソンは劣等生であったにもかかわらず、独創性に富んだ創造的な能力を発揮したということでも納得できる。

創造に関わる仕事をしている僕の原点は、創造とは対極の模倣である。絵とは創造するものではなく他者の絵を模写することが創造（?）の歓びであると考えていた。模写の対象の作者の心と一体化することで、「私」を超える快感に溺れた。創造は自己主張ではなく、他者になり切ることが前提だった。子供だったから三昧境《さんまいきょう》に遊ぶことが嬉しかったのだろう。

ショーペンハウアーの「我を忘れる状態」になるためには、気分を優先することで、一種興奮状態が作れた。そしてプラトンの言う「霊感」を感受、さらにカントによる「精霊」によってアニミズムを身近に知覚する。従ってアリストテレスの「理性的で目的をもつ」必要もなくなる。

以上の状態を無意識で感得した子供時代はその後、画家になってからの創造にかなり大きい影響を与えた。本書ではニーチェの言うアポロン的なものとディオニソス的なものとの共同作用が指摘されているが、僕はモーリス・ベジャール演出によるイタリア・スカラ座のバレエ「ディオニソス」の舞台美術を担当して舞踊と音楽と美術のコラボを体感した。そして、人間のあり方について学んだ。

本書ではシェークスピアとコンラッドとカフカの具体的な作品を取り上げている。感性に訴えかける彼らの作品を論じながら、創造と独創を単に概念や知能で理解するのではなく、感性を総動員させながら肉体的な読書体験をするよう勧めているように思う。

国策紙芝居からみる日本の戦争
安田常雄〈編著〉
勉誠出版　2018／6／2

紙芝居の絵は、この世に生を授けられて最初に見たナマの絵画だった。紙芝居は活動写真とどさ廻りの田舎芝居の中間にあって、最少の小遣いで楽しめる娯楽だった。紙芝居の演者は弁士さながらの声色を使い分け、拍子木を叩きつけ、狂気の熱弁を振るう。まるで降霊術の霊媒師のように。だけど紙芝居の函の中は戦場という異世界に通じていたなんて子供は誰も気づかない。

血湧き肉躍る冒険に憧れる子供の純粋無垢な魂を洗脳し、子供を戦場に送り込む戦術に、国策紙芝居がひと役買っていたことが、本書では描かれている。そんな国家権力の上から目線の思想には、当然僕たちは気づかなかった。

いま思えば、紙芝居は鶴見俊輔の提唱する「限界芸術」の一例であった。無名性が有する大衆的なエネルギーは子供の魂に祝祭的な肉体感覚を移植する霊力がある。僕はそんな土着的なメディアの信者であって、国家の策略的な紙芝居の思想には全く無頓着に、純粋に紙芝居の視覚言語に心を奪われていた。

ところが事態は深刻であった。子供の純粋な興味とは裏腹に、無意識は政治的プロパガンダによって乗っ取られつつあった。紙芝居ファンは、はなたれ小僧や何もわからない低学年の子供が中心だったからだ。

僕もその一人だったが、絵（ビジュアル）にしか興味がなく、国策紙芝居がいくらがなり立てても富国強兵の思想など馬耳東風。何の意味もなさなかった。

ところが現実には目前に本土空襲が迫っていた。大本営の発表は行け行けドンドンで、まさか日本国が敗れるなんて、国民は誰も知らされていなかった。はっきり言って僕たちは極楽トンボだった。

結果は歴史が語る通りであるが、僕にとっての国策紙芝居は国策ならぬ画策を練る格好の素材でしかなかった。そう考えると、紙芝居は僕の絵画の原郷であったということになろうか？

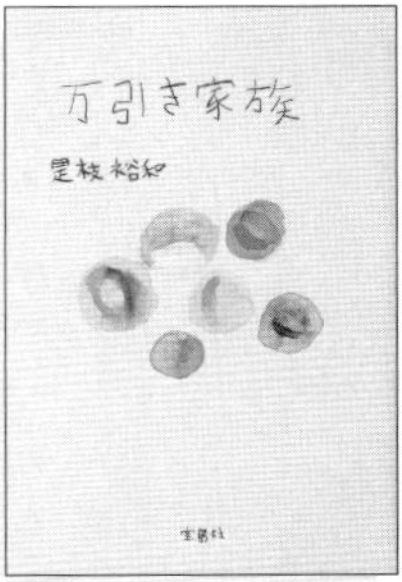

万引き家族

是枝裕和

宝島社　2018／6／23

「そして誰もいなくなった！」。家族など最初から存在していなかった。存在していると思うのは幻想である。われわれは家族という虚構をさぞ現実の所有物だと信じて後生大事に守ろうとしている。こういうことがすでに虚構なのだ。

小説や映画の中に描かれている家族を本物だと信じようとしている。最初から家族は崩壊しているということを隠蔽《いんぺい》したうえでの約束事だ。つぎはぎだらけの家族を修復しながら、さもここに幸福があると小説や映画は語る。現実を虚構化して現実の家族から逃避しながら、道徳や倫理をふりかざし、真実から目を逸《そ》らすのである。

本書はそんなニセ家族を見事に解体してくれた。そして本物の生き方を示そうとした。そのために、家族のひとりひとりは犠牲を払わなければならなかった。本書の前半は現実を幻想のように生きる姿が描かれるが、後半になるに従って小さな傷口〈亀裂〉が開き始める。その傷を必死にふさごうと、家族は思いっきり幸福と平和を擬態する。だけど人間の世は容赦しない。天上からの視線は人間の視線を遮る。足元から余震が起こり始める。やがて本震は音を立てて虚の亀裂の中に落下していく。

そして解体された家族はひとりひとりが強烈な感傷と対峙しながら、傷を負った魂と化して自己救済の旅に立とうとする。地上の引力から離脱して魂の故郷〈宇宙〉へと。人間の悟性がこれほどまでにニヒリスティックに造形された物語は知らない。うそ偽りのヒューマニスティックな〈家族〉は、この「万引き家族」によって封印された。

まだ映画は観ていないが、僕はまるで自分が監督になったような気分で本書を映像化し、演出しながら、創造していたのである。表現の肉体化とは、もしかしたらこういう行為を促す力をいうのではないだろうか。僕は「万引き家族」に感謝したい気持ちになっていることを白状したい。

銀幕に愛をこめて
ぼくはゴジラの同期生
宝田明　構成・のむみち
筑摩書房　2018／6／30

宝田明は昭和9（1934）年、天皇誕生日の4月29日に旧朝鮮の清津《チョンジン》で生まれた。小学生時代はハルビン。多くの民族と混じった生活で物怖《お》じしない性格を形成。太平洋戦争勃発。宝田明の人生の原点はすでにこのころに確立。広島への原爆を機にソ連軍が侵入。恐怖の日々のある日、ソ連兵に脇腹を撃たれる。この描写は凄すぎる。

話は日本に飛ぶ。引き揚げ者に対して本土の人間は冷淡。事実は小説より奇なりが立て続けに起こり、予想外の映画デビュー。3作目で「ゴジラ」の主役。

「宝田明です。主役をやらせていただきます」の挨拶に、背後から「バカヤロー、主役はゴジラだ」と罵声！　修羅場をくぐった俳優は強い。「ゴジラ」を観た宝田の批評眼は、海外でレンブラントの絵の前で金縛りにあった時の感性と同化、その想像力の飛翔は山水画の様式にまで及び、作品のメッセージ性に哲学を読み取った宝田は思わず落涙。宝田の知性と感性の源泉は何処に？

そんな宝田のナイーブな資質と人間性を見抜いた黒澤明は、黒澤組でもない彼を寵愛《ちようあい》する。宝田が「奇才中の奇才、あるいは天才」と評価する川島雄三、さらに小津安二郎の先見性と高い芸術性に対する分析力は見事。そんな小津の魔術的手法を「オズの魔法使い」とあだ名をつけるが、ここにも宝田の批評眼が光る。

千葉泰樹を器の大きい大人、コスモポリタンと評すが宝田も国際スター。成瀬巳喜男の「放浪記」では高峰秀子の底意地悪い言葉に悩み苦しみながら悟性に達し、評者も貰い泣き。

宝田の前では「ケツの穴の小せぇ奴」は問題外。自分を評して「野に咲く一輪の雑草」と例える。天下の二枚目スターにもかかわらず私利私欲のない宝田は敷かれた運命路線に忠実に、映画人生を思い切り遊ぶ。

近年、ミュージカル・舞台俳優としても大成功。「宝田明物語」の夢はまだまだ終わりそうもない。

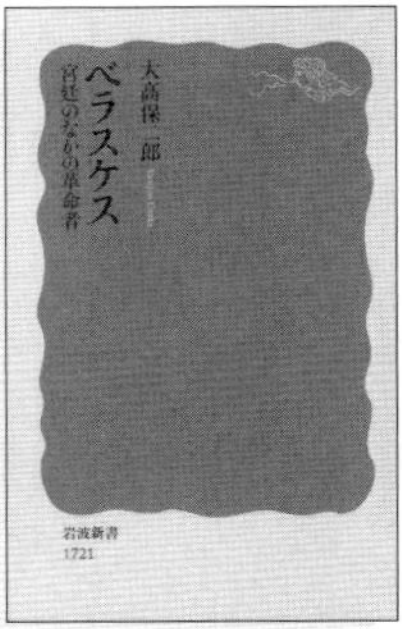

ベラスケス
宮廷のなかの革命者
大高保二郎
岩波新書　2018／7／7

伝記的側面があまり見えてこないベラスケスは物語性に乏しい生涯だった。そんな平板な人生を象徴するような寡作。あくまでもスペインの国内作家にもかかわらず晩年の傑作〈ラス・メニーナス〉は「絵画の神学」と呼ばれ、近年は世界的な名画のひとつとして評価が高い。

隠蔽された沈黙の人生だけに〈ラス・メニーナス〉誕生の秘密を推理小説のプロセスを逆に辿《たど》るように探りたい。

ピカソの傑作に〈ラス・メニーナス〉の改作がある。オマージュはその対象を殺し、命と魂を奪うことだと考えているようなピカソにとっては、ベラスケスは同国人だけに目の上のタンコブ。「剽窃《ひょうせつ》」〈ラス・メニーナス〉のベラスケス本人を巨人像に描くことで、ピカソは自らの自画像に変換したかったのではなかろうか。

さて、ベラスケスは宮廷画家として30年余、国王や王女の肖像画を描き続けた。僕の興味は主題より技法（様式）だ。素と密を対峙させながら、一見投げやり、時に未完。その技法を前にマネは「画家たちの画家」と賛美。〈ラス・メニーナス〉は具象と同時に抽象でもある。絵の上半身に描かれるべきものは皆無。

画中のキャンバスに向かって彼は何を描いているのか。画面中央に写る鏡の中の国王夫妻がこの絵の外側、つまり鑑賞者と同位置に立っており、その二人を描いているというのが一般的な意見だが、僕は違う（笑）。彼の前の巨大なキャンバスには、この〈ラス・メニーナス〉そのものが描かれているのだ。なぜならこの3メートルの絵画と画中のキャンバスのサイズはほぼ等しいと判断したからだ。

最後に著者は、この絵と小津安二郎の「東京物語」を真正面から対比させ、ベラスケスの日常性と小津のそれの同一化を示唆する。そんな造形性が人間を際立たせる「堅固な構築性と深い空間性」は両者に共通。「平凡な日常」における非凡性。この見識！

藝術経営のすゝめ
強い会社を作る藝術の力
舩橋晴雄
中央公論新社　2018/7/21

私の知人に故フレデリック・ワイズマンという米国ミネソタ州に立派な美術館を作った企業人がいた。一介のサラリーマンが新婚当時、新居に飾るために街の画廊で版画を購入。それが切っ掛けでアメリカ随一の現代美術のコレクターに。芸術の魔力に取り憑《つ》かれた結果、気がつけば企業家として巨万の富を得て大成功。現代版お伽噺である。

本書は日本人の藝術経営にふさわしい12人の「導師」の藝術観を探る。藤原定家から本居宣長まで12人を取り上げながら、日本の美意識を顕在化させ、古典芸術の核を抽出することで、藝術経営の理念を考えてみようと試みる。

すでにあらゆる識者によって論じられている世阿弥の藝術論「秘すれば花なり」の本意と

「男時《おどき》・女時《めどき》」におけるツキを企業戦略に導入。また一休禅師の知の大衆化現象、彼の正直さが生んだ反骨精神、利他の心が大衆に与える影響はそのまま藝術経営に利益をもたらす。千利休は藝術とビジネスを一体化させたが、そのためには志が必要と著者は説く。

本阿弥光悦はデザイン哲学を藝術に導入した。それが成功していることは、すでに現代デザインが証明するところであるが、著者は己の心を虚しくすることも大衆への訴求力になると人間学にも触れる。

宮本武蔵は画家としても有名だが、「諸藝」「諸職」の道を知ることを重視しながら、「この道一筋」とか「脇目もふらず」はよくよく自戒すべきだと今日のマルチ性を先取り。

著者は、「奇想の画家」として評価の高い若冲《じゃくちゅう》、蕭白《しょうはく》をはじめ蕪村、大雅、応挙、芦雪《ろせつ》ら天才絵師たちを「京都ルネッサンス」と呼び、同時代絵師を時代精神の鬼っ子として挙げている。

日本の古典藝術を愛《め》でるだけでは知識に溺れる危険性がある。あくまでも肉体を通過することで生じる想像力を内に秘めて初めて「藝術経営」が立証されるのではないだろうか。

水族館の文化史
ひと・動物・モノがおりなす魔術的世界
溝井裕一
勉誠出版　2018/7/28

水族館に惹かれるのは海の一画を生物ごとざっくり切り取って水槽化して、海底世界の架空現実を反復するというスーパーリアリズム的芸術行為にある。度肝を抜かれてしまった子供の頃の驚きは今も色褪《あ》せず、水族館を訪れる度に感動の初心に戻るのである。

水族館を訪れてガラス越しに夢想する世界は、幼年期に見た講談社の絵本『浦島太郎』である。幼児にとって浦島太郎の物語は現実の延長で、竜宮城への通路は水族館にあると半ば本気で考えるほど。僕にとっては四次元と三次元の境域などないに等しいのだった。

そんな異界に通じる水族館こそ子供の夢の再現装置として、幾つになっても魂の安息所として永遠なのであると、そんな誇大妄想を小説にしたのがジュール・ベルヌの『海底二万海里』である。海底をわがもの顔に航行するネモ艦長の潜水艦ノーチラス号は地球の全海域を支配する。潜水艦の巨大な円形窓はそのまま水族館と化して、海底に没したアトランティスの遺跡や海底火山を目の当《ま》たりにしながら、神秘の海の深奥で航行を続ける。僕が血湧き肉躍るのは、生きた水族館を獲得できるからである。

つい本書から離脱しておしゃべりが過ぎてしまった。本書は、まだ養魚池なんて呼ばれていた古代の水族「観」の時代から洞窟風グロッタ、パノラマ風水族館へと心をときめかしながら大型水族館の時代へと次第にスケールアップするさまを、克明に詳細に写真や図像によって説く。魚の見物、観察から非日常的体験ゾーンへと、人と海を結びつけながら未踏の魔術世界へと導く。水族館は今やディズニー化しています。

さらにバーチャルな生物やロボットの魚の出現で人間世界の境域を超えた「向こうにあるもの」（神の領域のことでしょうか？）の世界に突入して、フィクションの世界をハイブリッド化の中で「神々と関係している」古代人のイメージに近づくのか、それとも。

マン・レイ　軽さの方程式

木水千里

三元社　2018/8/11

世界的知名度がありながら学術的な研究があまりないマン・レイに「愕然《がくぜん》とした」著者は「不憫《ふびん》に思い」「彼に同情」。この「奇妙な状況」に興味を持ったことが本書執筆の切っ掛けとなった。

マン・レイは芸術家としての評価が二、三流扱い。なぜ?を解明しながら、美術史に位置づけるのが目的。彼の評価が低いのは、モードやポートレートの写真を美術界の中と外に同時に存在させたことによって、芸術の外へ追放される形になったからだ。美術史にも位置づけられなくなってしまった。（時代や状況の一歩先を走る彼にとっては、むしろ本望、名誉じゃないの）

そんな副産物が、写真家として構築した人脈を駆使しながらの芸術場への参入（利用しちゃえ）。シュルレアリストである彼は、ダダイストとしてもデュシャン、ピカビアと共に〈ダダ三銃士〉に名を連ねる。時も時、1966年、ロサンゼルスのカウンティ美術館での大回顧展。彼はここぞと写真家の肩書を返上、画家としての存在価値を提示するが評価はかんばしくなく、批評家に「ヨーロッパ化したアメリカ人」と批判される。（ヨーロッパコンプレックスの批評家などクソ食らえだ）

批評家は、彼の自由な表現手段を「何でも屋」とこき下ろす。（何でも屋で大いに結構、大衆消費社会こそ20世紀の芸術の生き延びる術！　首尾一貫は不要）

60年代アメリカでのダダイスム、シュルレアリスムの再評価がネオ・ダダ、ポップアートを出現させた。おかしなことにマン・レイがポップアートの預言者だって？（言ったでしょ、大衆消費社会の時代だと）。さらに彼の歴史化があるとかないとか。美術界の思惑とは裏腹に、歴史化されることを嫌悪しているのは当のマン・レイ自身ですよ。

一方、モダニズム信奉者の批評家はシュルレアリスム思想を嫌う。ところが、彼が評価するモダニストの画家はシュルレアリスムの影響を受けたという。こんなギクシャクした潮流の中でマン・レイは「私は近作を描いたことがない」と言い放って、昔の自作のレプリカ制

作に没頭。再制作によって作品の永続化を図り、あらゆる臆測を無視。（創作と生き方のハプニング化で遊んじゃおう）

著者はマン・レイが学術的な場で評価されないことを危惧するが、もはやマン・レイ自身がメディア。なるようになるという生き方で美術界を振り切って独走する。海外の研究者はどこかのカテゴリーに分類しないと居心地が悪いらしい。本人はそんなことに無頓着。霊感に忠実に「私は謎」の永遠化のため、自己に従うだけだ。（本書の役割は十分達成してます）

玉砕の島　ペリリュー
生還兵34人の証言
平塚柾緒
PHP研究所　2018/8/25

米軍の艦砲射撃のカーン、ヒュー、ドーンの場面に、小3の時、低空で校庭に突っ込んできた3機のグラマン戦闘機の記憶が蘇《よみがえ》る。あの時ボクは肉片になるところだった——と我に返った瞬間、手にしていた本書を投げだしてソファに倒れ込んでしまった。

あゝ〈ボクの戦争〉は終わった。この数日間ボクは本書の中で死闘を繰り返していた。その幻想から覚醒した。虚構化した現実の中で自分は何のために戦っているのか、その意味さえ不明。狂気の戦場では理性のかけらもなく、生死の区別もなく、死ぬためにしか生きられない不条理がまかり通る。生を否定して死を肯定した単に人間の形をした物体がオブジェと化して地獄の底に沈められていく。

本書はパラオ諸島のペリリュー島の死闘、「玉砕の島」の74日間の激戦の記録である。これは従軍記者が透明人間になって日米両軍の陣地にもぐり込んで複眼で描いた地獄のリポート「神曲」である。戦争の前では芸術の創造も効用もその存在価値は無に等しい。芸術が魂を救う? とんでもない。兵士の魂を救うのはピンを抜いた一個の手榴弾《しゅりゅうだん》で自決の道しかない。いかなる論理も観念もへったくれもない。相対性原理も存在しないのが戦場!!

さて、74日間で死者1万人弱。洞窟内に立てこもった日本兵34人は戦争終結に疑心暗鬼。生きて帰ることを屈辱とする抗戦派と投降派の対立に殺人事件まで。だけど死闘だけが戦争ではない。こんな逸話も。米軍の残留品の中から食料品をくすね、米軍服で変装。米軍の野外映画会にこっそり侵入して、攻撃目標の本土の風景とも知らずに、懐かしい祖国に涙する。

さらに米国の食品で体力がついたために肉体的欲望の処理に困る。仲間の創作朗読会では性愛を慰め合う。その滑稽さとエロティシズム。だけど上野駅で米兵の腕にすがる髪の長い日本女性を見て初めて「日本は負けた」と実感する。

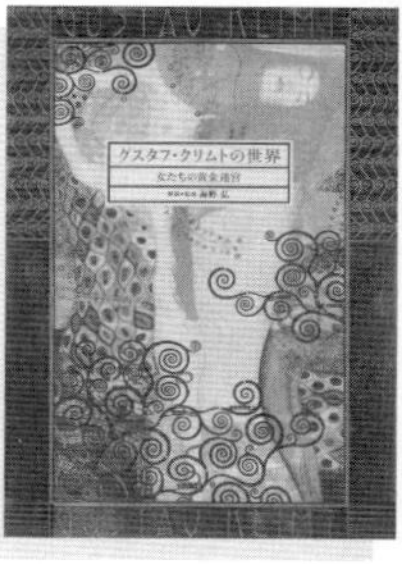

グスタフ・クリムトの世界
女たちの黄金迷宮
海野弘〈解説・監修〉
パイ　インターナショナル　２０１８／９／15

　黄金の極彩色に彩られたクリムト・スタイルは分離派を結成する１８９７年以後で、それ以前はゴヤの黒い絵や象徴派を想起させなくもないが、１９００年代には豪奢《ごうしゃ》、眩暈《げんうん》、官能美の世界を現出。

　彼はモデルに囲まれ、アトリエはハーレム化。モデルは彼がデザインした寛衣風の衣裳を着ているが、下は素っ裸だった。彼はいつでも女性の欲望に応えるだけではなく、絵を描くこと自体が性的行為に耽《ふけ》る感情と同一化している。

　顔を伏せた男性に群がる女性が肉体を彼に密着させる絵画的フォルムが発する熱量は、見る者を恍惚《こうこつ》とさせる。本書では一点一点視姦《しかん》するように図像学や心理学を応用させながら快楽の園に分け入り、読者をエロスの深奥に誘う。

そんなクリムトの作品は常にスキャンダラスな眼にさらされ、非難に対して自らの絵画で応酬する。「金魚」と題する作品は最初「わが批評家たちへ」と挑戦的な題名で、お尻にキスしなさいという侮辱的表現だった。嘲笑を浴びせるような3人（よく見ると4人いる）のうちのひとりは別の女性の愛液を受けようと、無情の法悦に唇が開く。

クリムトの様式は美術史の系列には入りにくく、あえて反美術史に位置づけるために装飾性を主張。そんな彼はジャポニスムや「エジプトの死者の書」を彷彿とさせる寓意的、象徴的、エロスと死が様々な様式を迎え入れた折衷主義絵画を生んだ。

一方、クリムトは女性を主題にした一連の絵画と並行しながら、夏休みにアルプスの麓《ふもと》で、愛人エミーリエ・フレーゲと風景画を描きながら過ごす。その絵はモネやホイッスラーを連想させるが、その点描的抽象性はもうひとつの装飾画として見る者を幻惑に導く。

本書の特徴のひとつが、ウィーン工房の多彩なデザイン活動やクリムトをめぐる世紀末ウィーンの芸術活動についての記述。包括的な終章まで飽きさせない。

デズモンド・モリスの猫の美術史

デズモンド・モリス　柏倉美穂訳

エクスナレッジ　2018/10/6

猫は僕にとってつーか、画家にとって生活必需品だ。芸術と生活を結びつける接着剤みたいな存在である。美術史の名だたる引率者たちの背後に暗中飛躍した存在が〈猫〉である。レオナルド・ダビンチを筆頭にマネ、モネ、ゴーギャン、ロートレック、クレー、ピカソ、ルソー、ウォーホルまで、さらに北斎、広重、国芳と猫狂の画家は枚挙に遑《いとま》がない。

ではなぜ猫がそれほどまで画家の心を震撼《しんかん》させ、画家の魂に降臨して芸術の創造に関与したのか。猫は画家の心を遠隔操作する不思議な神秘能力によって、画家の霊性を覚醒させ、魔術的な霊力によって画家の創造力に点滴を注入、芸術創造の影の魔術師に変身。猫によって画家が存在し、その画家の魂を操ることによって古代エジプト以来、猫は美術史の影の立役者として君臨してきた。

猫の性質はわがまま、身勝手、自由気まま、理性も倫理も欠如、その性格はそのまま多少の相違はあるとしても画家の特質を体現している。猫は画家の自画像でもある。猫の悪魔性、遊戯性、気位の高さ、高潔さ、姿態の優美さ、性的触覚、どこをとってもいいですね。ダビンチは「最高傑作」とその芸術性を、また生涯に50匹以上を飼ったというレオノール・フィニは「地球上で最も完璧な生き物」と称賛。生涯で何匹も飼っていたピカソは、絵となると、信頼し合っている猫でも獰猛《どうもう》な瞬間を描かねば気が済まないらしい。猫の野性を愛し、猫は交わること以外何も考えていないと、まるで自分と猫を同一化させているのには笑っちゃう。

ピカビアやウォーホルは、猫との心の距離が近いために芸術的誇張には耐えられず、猫の存在の大きさが画題にならなかった。

本書にはあらゆる時代の画家が描く猫を取り上げているが、画家が猫を主題に選ぶというより、猫の存在が画家の存在を創造しているというべきだろう。

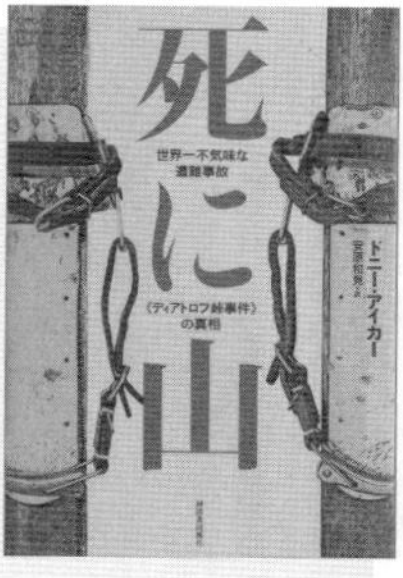

死に山
世界一不気味な遭難事故《ディアトロフ峠事件》の真相
ドニー・アイカー　安原和見訳
河出書房新社　2018/10/27

1959年、旧ソ連のウラル山脈で起きた世にも奇っ怪な遭難事故。米国人ドキュメンタリー映画作家がその謎の解明に挑む。

若者の登山チーム9人が零下30度の夜、テントを飛び出し、靴を履かず、衣服もろくに着ずに忽然《こつぜん》と闇に消えて、老人のように皺《しわ》だらけの遺体で発見された。白髪になった男性や舌を失っていた女性も。着衣からは異常な濃度の放射能が検出され、皮膚は黒っぽく変色。地元のマンシ族が恐れる「死に山」で一体彼らに何が起こったというのか!?

このトレッキングに初期の段階で引き返した唯一の生存者を訪ねて手がかりを探ろうとする著者も事故の核心には届かなかった。彼らと何の縁もゆかりもない自分が「なぜ私はここへ来ているのだろう」との疑問を抱きながら、事故の起こったディアトロフ峠に向かうが、まるで死者が彼を呼び寄せて、死の真相を語らせようと企《たくら》んでいるようにさえ思えるのだ。

ありとあらゆる人たちがあらゆる角度からこの事故を現実的に、時には超自然的に解明を試みたが決定的な解答は誰も出せない。武装集団による殺人説も飛び出したり、光体の出現からUFO事件とも騒がれたりするが、結局「未知の不可抗力」で片付けられたまま。59年が経って、今もネットを席巻する。

著者は子供のころから気象に異常な興味と関心を持っており、そのことが解明の糸口になる。そして最終章で、その現場にいた遭難者の恐怖体験と同化したかのように、気象の知識を駆使して、一気に解明に迫るが、その描写のリアリティーには死者の意思が関与しているのではと思わせるくらいだ。

だけど、ただひとつ気になるのはトレッカーの一人が撮った最後の写真の一枚に写っている「光体」の謎で、これには触れていない。事件後、何人もが見ている空の光体と放射能。そして遺体が突然の老化現象を起こした説明もない。

妖怪絵草紙
湯本豪一コレクション
湯本豪一
パイ　インターナショナル　2018／11／10

江戸時代の妖怪スターたちがズラリと紹介される中で「何だこれは！」という妖怪がいる。「人面草紙」の項に登場する、デュシャンの便器を上から押しつぶして、お多福顔にしたような奇天烈《きてれつ》な人面がそれである。どの顔も判で押したように同じ顔をしている。

←こんな顔をした人面が、まるで五百羅漢がどどーっと一挙に家の中に押し寄せたかのような状態にしたかと思うと、屋外をお祭り広場に変えてしまう。

そんな画風はアールブリュット風で、画面を絵と文字で埋め尽くすけれど、社会的不適応者の絵ではない。むしろストリートアート的な落書きに近いかもしれない。

「人面草紙」の著者は斎藤月岑《げっしん》と名乗る著述家で、描く絵は当時の文人画ってとこかな？

描かれる人物は様々な職業で、殿様や花魁《おいらん》や力士がいて、時には乞食《こじき》に扮した金持ち、泥棒に扮した人面もいる。そんな人物すべてが人面である。魚や虫の顔が区別できないように、人面には個性がない。せいぜい衣服や持ち物でキャラを判断するしかない。家族や職場の人間がみんな同じ顔をしているのを想像されたい。まるでスーパーに並ぶ大量生産された商品である。

その昔、オウム真理教の信者が麻原彰晃教祖のお面をつけて布教活動や選挙運動をしていたが、妖怪みたいに不気味だった。人面も妖怪の仲間かもしれないけれど、妖怪のような恐ろしい雰囲気は全くない。むしろ愛敬があってユーモラスである。無名性と非個性的なのは究極の芸術ではないだろうか。

デュシャンの名前を出したついでに言うと、デュシャンは芸術が匿名であることを理想とする。僕は人面からデュシャンの便器を想像したと書いたが、この江戸の人面がもし男性用の便器の形をしていたら、痛烈な美術批評になっただろうにと、余計なことだが、ひとりほくそ笑むのである。

マルセル・デュシャン
アフタヌーン・インタヴューズ
アート、アーティスト、そして人生について
マルセル・デュシャン　カルヴィン・トムキンズ〈聞き手〉　中野勉訳
河出書房新社　2018／12／1

禅寺に参禅した時、老師からいきなり顔の前で「パチン」と平手を打たれて「これは何ですか」と問われた時のとまどいが、そのままデュシャンとの出会いに重なる。

デュシャンの便器は禅の公案で、彼は「芸術とは何なんだ」と問うただけで芸術はこうあるべきだとは言ってはいない。芸術は何でもありとも言ってはいない。それを芸術だと言い出したのは批評である。

そんな批評に対して作品という果たし状を突きつけたのであるが、その果たし状に批評は答えていない。あの「泉」と題する便器は一体何なのか。私小説的生活としての芸術なのか。それは批評に対するサプライズではなかったのか。

本書のインタビュアーである批評家が初めてデュシャンに会った時、店に有名な民衆画家マックスフィールド・パリッシュの壁画があった。その絵を見たデュシャンは「わたし、あれが好きなんですよ」と言った。かつてのデュシャンの言葉「アートをもう一度精神に奉仕させたい」と矛盾していることに度肝を抜かれたこの批評家は、頭が真っ白になっただろう。デュシャンは常に自分は大衆のための芸術家であると主張している。つまり彼自身がパリッシュなのである。

デュシャン作品を難しくしているのは本書などの美術批評家さんでしょう、と言いたいのはデュシャン自身であろう。美術批評の言葉が見つからないからだ。彼は作品の批評も批判もしない。それを無理に語ろうとすると自縛された一部の知識人に過ぎなくなる。

デュシャンは別に難しいことを言って煙《けむ》に巻こうとはしていない。芸術の中だけで芸術至上主義的に生きるのではなく、日々の生活の中でユーモアを交えて、無駄な時間を排除して、生活を遊び、自由な人生を生きてこそ芸術であると言いたいだけである。彼の言うことを真に受けて撞着《どうちゃく》することなく、禅を離れて禅を知る。これでいいのでは？

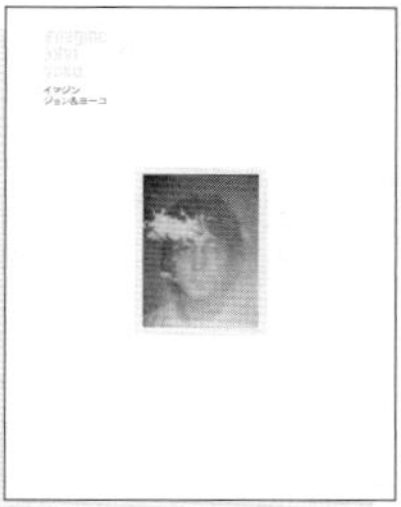

イマジン　ジョン&ヨーコ

ジョン・レノン　オノ・ヨーコ

松村雄策〈日本版監修〉川岸史、岩井木綿子訳

ヤマハミュージックエンタテインメント　2018／12／8

12月8日。1980年の今日、ジョン・レノンは狂信的なファンの銃弾によって殺害された。死の9年前に制作された楽曲「イマジン」の歌詞がジョンとヨーコの共作であると全米音楽出版社協会によってクレジットされたのは昨年。このタイミングに出版された記念碑的豪華写真集がこれ！

「イマジン」がリリースされたばかりの71年、できたてのアルバムを僕はN・Y《ニューヨーク》でジョンからプレゼントされた。

「イマジン」？　そうだ、ヨーコさんは詩集『グレープフルーツ』の中で頻繁に「想像してごらん」と読者に指示する。〈イマジン〉は彼女のインストラクション・アート（指示芸術）

である。
ジョンとヨーコを結びつけたのは、このインストラクション・アートだった。ある日、ジョンがロンドンのヨーコの個展会場に現れた。釘を打つ指示作品にジョンは反応して「打ちたい」と。「だけどオープニング前はだめよ」とヨーコは拒否した。するとジョンは「想像上の5シリングを払って、想像上の釘を打ちこむ、それでどうだい?」と申し出た。〈この人は私と物事の捉え方が同じなんだ。彼はいったい何者?〉
ビートルズのジョン・レノンだからヨーコは愛したわけではない。2人が出たテレビ番組「デビッド・フロスト・ショー」に僕もゲスト出演した時、司会者のフロストはヨーコに「あなたが有名なのはジョンと一緒になったからでしょう?」と悪意をあらわにした。彼女は「いいえ、私はジョン以前から有名よ」と切り返した。彼女は自立した存在だ。そんな彼女をジョンは愛したのである。そして〈二人でひとりだとさ〉とジョンは自作の寓話の中で語る。
そんな愛が点から線になり、面になって「愛と平和」のインストラクション・アートが世界を駆け巡る。そんなムーブメントを「想像してごらん」と指示したジョンは今いずこに?

エドゥアール・マネ
西洋絵画史の革命
三浦篤
角川選書　2018／12／22

あのう、私ごとだけれど幼年期から10代、誰かの絵をマネ（模写）することが〈絵〉だと思って、複数の絵から引用しながら好みの絵を作ってたんです。デザイナーになると模写も引用もコラージュに変わり、画家転向と同時に再び子供時代に戻って名画や大衆絵画、写真を下敷きにする様式などを得て——。

本書では、マネが西洋絵画のイメージの引用、借用で今日の現代アートの道を開いたことが美術史の革命的な事件だと瞠目《どうもく》する。

だけど僕はこのことよりも、美しい筆跡を残したサラサラ音のするような身体性とペタッとした平面性、それと主題のなさ、様式の多様性に感応した。

本書の主題は過去の作品を換骨奪胎するマネの手法で、あらゆる源泉となる作品を並置しながら実にスリリングに解読していく。そんな手腕に読者は開眼させられながら視覚の快楽に陶酔するでしょうねえ。

例えばですよ、マネの「草上の昼食」はラファエロの〈パリスの審判〉が源泉じゃなく、ある日マネが水浴する裸婦を見たことで、ジョルジョーネの〈田園の奏楽〉を当世風にやり直して古典と現代の融合共存を図ろうとしたらしい。

マネは他の画家の作品と自らの記憶を援用するが、意識的なのか感覚に従ったかは不明だけれど、実はここに創造の核の秘密が隠されているように思える。従ってこの行為はパロディーや風刺が念頭にあったとは思えないけれど、この作品が話題になったのはその様式ではなく、主題の風俗があんまりスキャンダラスだったからなんですよね。

ところでマネの今日性を考える時、デュシャンにも似た美術史への大きい影響や、本書の帯にあるように「ピカソより前衛」といったことが語られるけど、ピカソがやったマネの変奏は単なるパロディーや風刺や諧謔《かいぎゃく》の面白さを遥かに超えていて、悪意と尊厳がミックス、シェークされた凄みに圧倒されるんです。

ゴッホ　最後の3年

バーバラ・ストック　川野夏実訳

花伝社　2019／1／12

〈行間を読む〉ということは言葉で書かれていない空白箇所を読むことでしょう？　何て器用な——。真の読者は何も書いていない空白を読むという。画家的に考えるに、空白はただの空間で何もない。

言葉のない場面は、まるで無声映画だ。隠された言葉を無意識のうちに透視術で読んでいる。

さて、ここに「ゴッホ」のマンガがある。〈行間を読む〉的に言えば、ここでは〈絵を読む〉ことになる。若い人なら十数分で読んでしまうだろう。必要最小限の言葉以外の空間は、単純な形とセンスのいい色感で埋められている。そして、ところどころハッとする事物のクローズアップのショットが何コマも連続して並ぶ。まるで映画のカットバックのように。でもそこには言葉はない。文章的に言えば何もない行間の連続だ。

物語に戻ろう。弟テオと兄フィンセント・ゴッホとの文通の文面がゴッホのセリフになったり状況描写になったりしながら、物語は言葉と行間（絵）を移動しながら、絵画論や作家論が語られていく。絵の一コマ一コマによって、ほとんどの人が見たことのある絵の中に導かれるので、思い出の地を訪ねる愉しみに似て、さらに視覚言語の世界をも味わえる。

本書では、ゴッホの死ぬまでの3年間が語られる。弟テオの元から離れて単独でアルルに旅立つ。ゴッホにとってはアルルは心の日本だ。この地にゴーギャンを迎えて、画家の協同組合を夢想しているが、ゴッホの執拗な性格がゴーギャンの自由を奪いつつある。そんな時に、あのゴッホの耳切り事件が起こり、ゴーギャンはゴッホから離れてしまう。

しかし、この前後のゴッホの創作は過熱して傑作を残すが、彼の精神は次第に崩落の一途。運命に抵抗できない彼。本書のクライマックスはゴッホの麦畑に読者を導き、実に印象的な無言の光景の中で終わる。

芸の心
能狂言　終わりなき道
野村四郎　山本東次郎　笠井賢一〈編〉
藤原書店　2019／2／9

初めて知った。能舞台の松の絵の幹は中心より左に外すことを。でないと橋掛《はしがか》リと本舞台とのバランスがとれない。そりゃそうだ。でないと橋掛リと対峙しない。能狂言には何ひとつ意味のないものはない。ガチッとした型を応用する創造世界である。

本書は観世流シテ方の野村四郎師と大蔵流狂言方の山本東次郎師との、伝統の継承と現代への挑戦的対話だ。お二人は私と同年代で幼年期に戦争体験をしておられる。山本師は子供の頃、どんなに空襲が激しくなっても舞台を守ろうとする父親の気迫に圧倒され、爆弾が落ちる中、肉体的恐怖を超えた特訓を受けながら、不思議と穏やかな安心感があったと言う。

さらに観世寿夫からは、ぎりぎりのところまで自分を追い込んでいき、そこで何もしないでいるところが大事だと教わる。我を追求して我を手放して初めて得る境地こそ芸の普遍性なのだろう。

ところで能と狂言の違いは？　例えば能の「卒都婆小町」で百歳の姥《うば》が一歩詰める。この一歩が小野小町の百年を表現する。それが能なんだ＝野村。能は死霊のドラマと言われ、足を感じさせない。幽霊のように実際の距離とか時間を超える＝山本。

では狂言は？　山本師は、狂言はすべての人間に普遍的にあてはまるものだから「私」を消さなければならないと言う。「普遍性を獲得するために個性を消して『型』を使う」と。個性から入って普遍に至る。レンブラントの絵みたいに。狂言は「人間の愚かしさを映す鏡」と山本師は言い、野村師は能を「日常から離れたもの」「解ってもらうよりは感じてくれればいい」と主張。

解ることは意味がない。解らぬ芸術があってもいい。感じることが如何に重要か。感じることは悟りであり、予知である。感覚には霊性が宿るが、知性には宿らない。能狂言は感性の芸術なり。

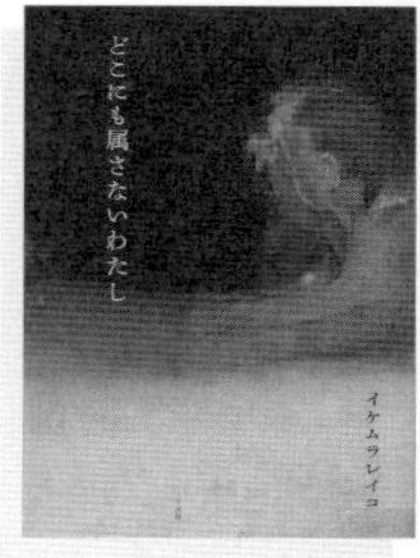

どこにも属さないわたし

イケムラレイコ

平凡社　2019/3/2

彼女は幼い頃から両親の子ではないという疎外感に悩む。「どこにも属さない」異邦人意識の無所属の人。こういう人は宿命的に運命に導かれるという因子を持つ人である。

天涯孤独を妄想する幼い心と絵心を持つのは僕と同じだが、僕は彼女のように読書家でもなく外国語も話せない。故郷を後に、海外に居場所を求めるボヘミアン気質も全く持ち合わせていない。そんな僕は本書を伴侶として、彼女の後をつきまとうようにスペインからスイス、ドイツへと移動しながらアクチュアルな美術の巣窟に著者と潜り込むことで彼女の内面をそっと覗かせてもらうのである。

そして彼女の絵筆に触れながら、彼女の創作体験を味わうのだった。彼女の展覧会の成功も一緒になって歓んだりするのである。

彼女がドイツのケルンを本拠地にペインターとしてデビューした1980年頃は、僕が画家に転向した時期と一致する。ワイルドペインティングがヨーロッパを席巻したころで、本書に挙げられるドイツの売れっ子画家たちの作品展もヨーロッパで観て知っている。当時、若いスターアーティストが輩出したけれど、今ではその名も聞かなくなったって本当？

彼女は時代の先端を駆けるアーティストと距離を置いたために、その潮流と共に流されることはなかった。そんな彼女と親和する僕も彼女に共鳴せざるを得ない。彼女は個展の成功にもかかわらず、そうした成功よりも人間性がよりよく発展している人たちに共感を覚えたのだろう。そして俗世を離れてスイスの山に籠もり、自然に囲まれて「アートのエゴの世界から解放」されていった。

そんな場所で「この世にいながら、あの世を見ている」ような両界感覚を覚えていくのである。そして「言葉で伝えられないことを絵に」して、未知の世界と故郷を繋げたい想いを抱きながら、自己を見つめようとする。

十八世紀京都画壇
蕭白、若冲、応挙たちの世界
辻惟雄
講談社選書メチエ　2019／3／23

「『画』を望むなら我に乞え、『絵図』を求めたいなら応挙がよかろう」。蕭白に代わってこんな皮肉を吐いてみたい。京都画壇のもうひとりの巨頭若冲の奇怪、魔術的装飾、アニミズムも悪くないけれど、我が蕭白の超絶美と泥臭さは創造の宝庫、パンドラの函だった。そんな蕭白は五百人にひとりの英傑禅僧・白隠の影響にあったとは本書で初耳。実はですね、私は白隠の書画ではなく養生訓「夜船閑話」の愛読者でありました。ま、関係ないけど。白隠に影響を受けた者は多いが、芦雪もそのひとり。

私、最近気になるのが芦雪。若冲、蕭白の過剰な足し算より引き算の芦雪に新しい時空の精神と美学を感じるんですよね。芦雪は蕭白が批判した応挙の弟子だけれど、応挙のいいところ摂りをして、独自の画風を切り開いた。人を食ったシュルレアリスムのオートマチズムな手法で描いた「なめくじ図」は最高！　去来する雑念を追わず、ただ知らんぷりして通り過ごす禅を髣髴とさせる無頓着さ、おおらかさ、おおまかさ、手抜きぶり、物足りなさに新しい時代の宇宙観を感じるのである。

日本の伝統は型から入って型を抜けるが、芦雪は師の応挙から学んだ型を崩しにかかる「型破り」を創造の核とする。著者の辻惟雄氏もそこんとこを評価。画家にとっての自由は型破りしかないのである。

芦雪の「白象黒牛図屏風」をご存じだろうか。この絵の前に立つ者は絵を見ることの不安感に襲われる。見ているけれど見えない、そんな何もない空間こそが絵なのである。かと思うと、一寸四方に描かれた五百羅漢図。私が羅漢の数を数えてみたら、三センチ四方の中に本当に五百人の人がいた！　この真面目な馬鹿馬鹿しさこそ人間の今日的な緊急課題である。「京都画壇」からずれてしまったが、ずれることが京都画壇の奇想であり狂である。まだある辻氏の中の未知の隠し球を期待する。

美と破壊の女優　京マチ子
北村匡平
筑摩選書　2019／3／30

「肉体」がやな、わての中に飛び込んできた初めての女《ひと》は、京マチ子はんや。そんな彼女の肉体に目覚めておませになって、十代でわての人格ができたんや。早うゆうたら、彼女がわての肉体に霊を宿しよった。その霊がわての絵に肉化した形而上美神ってわけや。

スクリーンに顕在しよる美神・京マチ子はんはやな、無でも0《ゼロ》でもあらへん。空《くう》としての宇宙的存在や。黒澤はんの「羅生門」の彼女は大蛇の化身で、あの肉体をのたうちまわらせて無言の肉体言語ちゅうのを発し続けながら、狂気のエロチシズムをわての無意識の底に棲みつかせたんや。

小津はんの「浮草」。中村鴈治郎はんとの大雨の中のシーンを憶えとるか？「このアホ！

バカタレ！　何がなんじゃい！　ええ加減さらせ！」と怒鳴る鴈治郎はんに向かって「何がなんや！」「フン！　偉そうに。いうことだけは立派やな！」「ようもそんな口が利けるな！　そんなことうちにいえた義理か！」。猛烈なバトルや。この本を書きはった先生の描写はホンマに上手いで。絵を見事に言葉にしたはる。ほんまに映画観とるのと変わりまへん。先生の言葉の熱量には、わての血が騒ぎマ。京マチ子はんが肉体言語を発しはるとき、そこにやな、先生がおっしゃる「美と破壊」が炸裂しまんのや。ほんまにええ本書いてくれはった。おおきに。

メタモルフォーゼする京マチ子、デペイズマンする京マチ子、オートマチズムする京マチ子はシュルレアリストでんな。ブルトンはんに倣ってオートマチックに本から言葉を拾いまひょ。「豹変・万華鏡・無軌道なアプレ・蠱惑《こわく》的な肢体・変身・純真無垢・触覚性・幽体の舞・両義的・妖婦・魔性の女・可憐・七変化」。能のシテみたいでっしゃろ。モンローとは違いまっせ。

昔、彼女主演のテレビドラマのタイトルバックを作ったんやけど、彼女は「そんなことあったかなあ」。今や記憶は忘却の彼方や。

絵とはなにか

ジュリアン・ベル　長谷川宏訳

中央公論新社　2019/4/13

「絵とはなにか」。画家にとっては踏み絵である。正直に答えると「分からない。だから描く」としか言えない。なぜかというと絵は神殿の前で披露する神への奉納としての芸能に近い存在だからだ。自分や人や社会のために描くと主張すると、そこに働く自我意識が目覚めて普遍的な芸術行為から離れる。だから絵は私の場合、私に与えられた霊感《インスピレーション》の源泉への奉納ということにしている。

さて、本書の著者は絵の意味の確定が目的だと言う。この著者は実は私と同業の画家である。だったら絵に意味など求める前に描きまくって、言葉を超えた次元でその意味とやらを肉体で体感されれば如何——とは私の疑問。

著者は博識と教養によって絵画の歴史を縦横に語り、絵を愛する者を陶酔させるに十分な説得力がある。その点では一読をすすめたいが、私はここで再び抱いている疑問に真正面から向き合うことになりそうだ。十八世紀までは絵の基本を模倣と考え、自然の再現を目的としたが、現代は再現を離れて「絵を描く行為はもう時代遅れ」と考える人もいる中で、なお絵の存在価値を論じる著者には共感する。ところが何度も言うように著者の本業は画家である。だったら論じる前に「絵とはなにか」という問題は作品によって示してもらいたい——とは私の意見。

読み進めるに従って、私は推理小説の世界にはまっていった。こんなに多様な言葉と概念を語る画家はどんな絵を描くのだろうという疑問。言葉は観念、絵は肉体である。従って両者は対極にある。画家である著者はこの両極と如何なる親和を結んでいるのだろうか。私は著者が描いた絵を知りたくなって、手を尽くして画集を探したが見つからなかった。そこでやっとネットで20点ばかり探り当てることができた。絵画の歴史をここまで網羅した著者の絵に、期待はいやが上にも高まる。

私の目の前に現れた絵は技術的には非常に達者。十九世紀の写実主義《リアリズム》的な絵で、写真を模倣したスーパーリアリズムのような写真の再現ではなく、筆致がボナール風だったり、マチスのようなフラットなイラスト的平面画だったりして、基本的にはアカデミックで、現代美術というより日本の写実風の洋画に近い。しかし、美術の膨大な知識に裏付けられた著者の評論と創作の間には距離がある。

画家で批評活動をしている人もいなくはないが、著者は自作を離れて語ることの矛盾を、自分の中でどう折り合いをつけているのか、推理小説以上に謎だが、著者の絵からは如何なる謎も秘密も見えてこない。もしかしたら私は、本書を偏執狂的に邪道な読み方をしてしまったのだろうか。

美術は魂に語りかける
アラン・ド・ボトン　ジョン・アームストロング
ダコスタ吉村花子訳
河出書房新社　2019／4／27

印刷インキが紙に定着するまでに何度も重ね刷りの工程を繰り返した結果、そこに予想を超えた不確定な抽象形態が現出する。それを「ヤレ」と呼ぶ。かつて若い頃印刷所で体験したその経験は私に初めて芸術魂を移植した瞬間として、今でも私の内部で創造の核となっている。

本書にはサイ・トゥオンブリーの、重ねたりひっかいたりした行為の結果、画面全体が黒く、まるでヤレのような効果を上げた作品が掲載されているが、非美術のヤレが彼の手によって美術に昇華された、そんな一連の作品をＭｏＭＡの個展で観た時の驚きこそ「美術は魂に語りかける」遭遇事件だったのである。

重ね刷りがアートに昇華する時

★この「書評」は横尾さんの造形作品です（右下に解題）↘

美術は魂に語りかける

アラン・ド・ボトン、ジョン・アームストロング〈著〉

ダコスタ吉村花子訳
河出書房新社　3240円

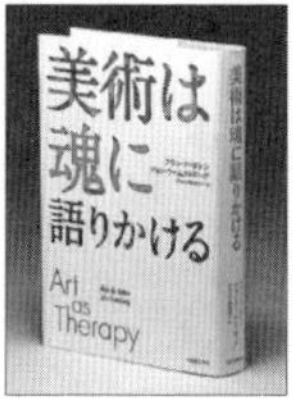

Alain de Botton　69年スイス生まれ。哲学者▽John Armstrong　66年英国生まれ。英国美術史学者。

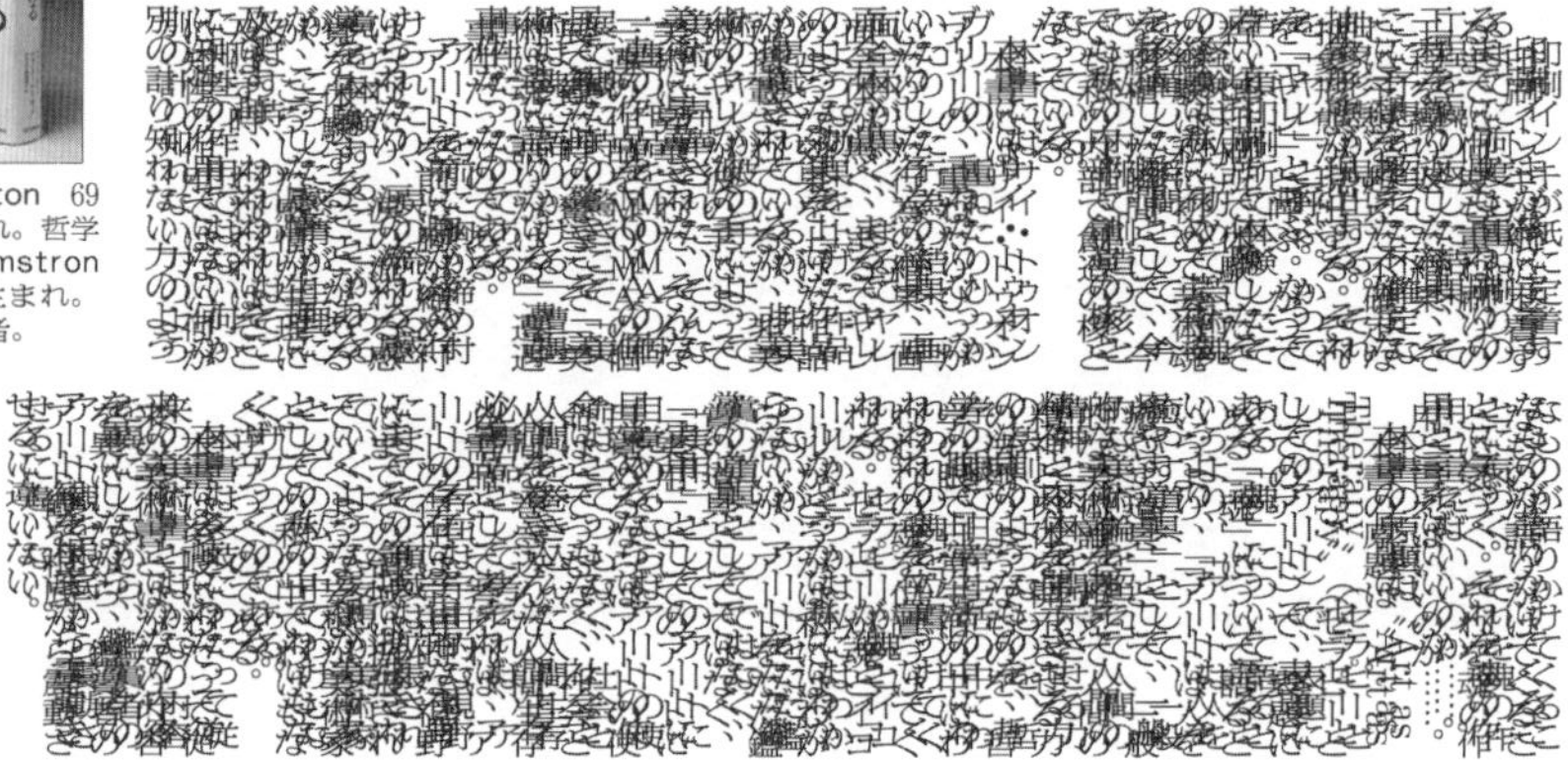

評・横尾忠則
美術家

アートを前に胸が締め付けられたり、涙の流れる感覚を体験することがあるが、こうした感情が生理に及ぼす時、われわれはそこに知性の作用ではない何か別の計り知れない力のようなものが語りかけてくることに気づく。それを魂の作用と言えばいいのか……。

本書の原題は〝Art as Therapy〟(セラピーとしてのアート)で、表題にある「魂」について語るというより、「アートは人を癒やす道具」として、一般的な美術論を超えて人間の精神と肉体を開示させる力の法則のようなものを、哲学の眼で日常生活の中にわれわれの魂を位置づけてくれる。セラピーが魂とイコールかどうかは私にはわからないが、アートをただ鑑賞の道具としてではなく、「実用」としてのアートに目覚めるならばアートの使命はとてつもなく、社会と人間を巻き込んだ人間生存必需品として考えれば、アートの存在は宇宙的な視野にまでその領域は拡張されていくような妄想が美術家としての私の中でわけもなくザワつくのである。

本書は多岐にわたって従来の美術書とはかなり内容を異にしながら、鑑賞者のアート観を根底から震動させるに違いない。

小津安二郎　大全

松浦莞二　宮本明子〈編著〉

朝日新聞出版　2019/5/11

国際的な映画監督として世界の頂点に立つ小津さんは物事の判断を好き嫌いにまかせて、知識漬けで身動きがとれない理屈や文法に拘《こだわ》らない感覚で勝負する。それが小津映画の文法。一般的な家族映画はゴタゴタを描くが、小津さんが描けばゴタゴタもニヒリズム。思わずいいねと頬がゆるむ風通しの良さを感じる。それこそが、小津マジックの癒やしと救いなのである。小さな動作や色彩や物の配置に特別な絵画的意味を与えない表現に、むしろ美の力を感じる。意味のない狂言の繰り返し言葉に似た脱力した反復にもそれがある。かと思うと、ガランとした空っぽの階段、廊下、無用の置物が示す不在感は現代美術的な観念と造形性。創造の他にこの世界のどこに目的と意味などあろうかと神に代わって小津映画が語る。

本書は五十数人の筆者による小津の人物と作品論で、語られる数だけの異口同音がその魅力に触れるが、気になることがひとつある。小津映画の要でもある原節子について、共演者の女優さんたちのエピソード以外に、もう少し突っ込んだ小津映画の原節子の存在感についての評論があってもよかったかなと思う。彼女がいてもいなくても小津映画は変わらず名作に違いないかも知れないが（どうかな?・）、これだけの識者の誰もが彼女の存在に触れなかったことが少々気になったので、つい思わず。

本書の最後に登場する監督のアミール・ナデリの観察が興味深かった。小津が若い映像作家に危険を及ぼさないかと危惧する。世界のどの国にも小津の痕跡が見受けられる作品が蔓《まん》延《えん》しており、小津を真似ようとする作品が多すぎる。「映画が存在する限り、小津の影響の軌跡は途絶えることはない」と。小津映画の単純さは迷路でもある故に、彼を模倣するのではなく、小津の「リズムと心象の天才」を洞察することを学ぶことで自分の映画の視点が見え始めるのでは（?・）、と結ぶ。

三船敏郎の映画史
小林淳　三船プロダクション監修
アルファベータブックス　2019/5/25

　大連から引き揚げてきた復員兵三船さんは俳優になる気はなかった。魔がさして、気がついたら戦後最大の世界的大スターになってしまっていた。世間の非常識を常識に変えてしまった俳優三船さんの魅力をたっぷり語り尽くした本書をじっくり味わってみたい。

「無愛想きわまりない」猛獣のような危険人物が発するブラックオーラがあの時代の日本社会に不可欠だったのでしょう。ルネサンス時代に天才芸術家の魂が地上に降ろされたように、三船さんにも神的な何かの力が働いたんですかね。

　三船さんは役者に徹する以外に、姑息な野望や世俗的欲望がどこからも見えてこない。ただただ自分の宿命と運命のなすままに、これ一筋に努めて成るように成る生き方をつらぬいて俳優業に賭ける。セリフは全部おぼえて台本なしで撮影所にひとりでやってくる。黒澤映画の三船ばかりが目立つが、三船さんは他社の映画にも驚くほどたくさん出演している。特別・友情出演、汚れ役、ちょい役ひとつとっても与えられた役に全身全霊。「世の中に尽くすことが人間の義務」としての職業意識に徹し、世界を股に海外進出。主役しかやらんスター俳優との違いは山口淑子さんが語ると「三船さんは小細工をする人ではなく、悠揚で大陸的で額縁に納まらないスケール」の底が見えない人物ということになる。撮影が終わった途端、デリケートな気配りの人に変身。「黙ってやるべきことをやる」、体全体が「自然」だと語るのは香川京子さん。「早すぎて刀がよく見えない」、息を止めた演技に黒澤さんは「すごいよ」の一言。「画面に出てくるだけで映画の空気感を変えるほどのカリスマ性」は本書の著者。志村喬さんは「彼は何十年に一人というスタア」と手放しで三船嗟嘆《さたん》。

三船敏郎に興味を抱くとは、自分に関心を持つことにも通じる。三船さんは日本、否、世界の奇跡である。（一ファンより）

ピカソとの日々

フランソワーズ・ジロー　カールトン・レイク　野中邦子訳

白水社　2019/6/15

ピカソがあの「ゲルニカ」を描いているま後ろで2人の愛人が鉢合わせ。ピカソをめぐって2人の女が言い争っている。「はっきりさせてちょうだい。私たちの、どっちが出ていくか」。ピカソはタイプの違う2人の女性のどちらかを選ぶなんて不可能だ。「きみたちで争って決めたらいい」。2人の取っ組み合いが始まった。猛烈なバトル。個人的恐怖が戦争という社会的恐怖と一体化して歴史的傑作「ゲルニカ」を生んだ。

こんな話を面白がって新しい愛人フランソワーズに語るピカソは一体何者!?　21歳で40歳も年長のピカソと会って10年近く、生活を共にし、その間浮気もするピカソとの生活を克明に記録するフランソワーズの愛と憎しみと創造の狂気的実録。そんな中でフランソワーズの冷徹な眼によるピカソの制作過程の実況はピカソの創造の秘密の花園にこっそり侵入したような戦慄さえ覚える。複雑にからんだ2人の激化する感情の中でピカソの語る哲学をフランソワーズは一字一句記憶の淵から引き出しながら彼女の文学的教養と透徹した知性で視覚言語化していく、その瞬間に私はピカソの錬金術の魔力にひっかかってしまうのだった。フランソワーズは元々画家で、ピカソの作品の模写の経験もあり、身体的技術のなんたるかをよく理解している。

ピカソとフランソワーズ2人の生活の中に常に亡霊のようにかつての複数の愛人が見え隠れするだけでなく、時には土足で闖入《ちんにゅう》してくることもある。ピカソはそんな闖入者に対して自然体を装うけれど、フランソワーズにとっては心を乱される対象である。2人の間に2児がいて、長男のクロードとは私は何度も会っているので彼の子供時代を知りたいと思ったが、多くは語られない。

ピカソの周辺にはマティス、ジャコメッティ、シャガール、レジェらの芸術家が多数登場して、彼らとの交流が生々しく伝えられる。ピカソは相手かまわず、本能むき出しの偏屈、中には絶交してしまう友人もいる。ピカソの破壊をともなう創造は日常生活の中でも例外ではない。ピカソに大きい影響を与えた黒幕的存在でもある運転手は、文化的虚飾に毒されて

ピカソとの日々

フランソワーズ・ジロー、カールトン・レイク〈著〉

野中邦子訳　白水社　6480円

Françoise Gilot 21年パリ近郊生まれ。画家。46〜53年、ピカソと暮らす。米国人と結婚し、米国を拠点に活躍する▽Carlton Lake 1915〜2006。米国の作家。

愛と憎しみと創造の実録

ピカソがあの「ゲルニカ」を描いているま後ろで2人の愛人が鉢合わせ。ピカソをめぐって2人の女が言い争っている。「はっきりさせてちょうだい。私たちのうち、どっちが出ていくか」。ピカソはタイプの違う2人の女性のどちらかを選ぶなんて不可能だ。「きみたちで争って決めたらいい」。2人の取っ組み合いが始まった。猛烈なバトル。個人的恐怖が戦争という社会的恐怖と一体化して歴史的傑作「ゲルニカ」を生んだ。

こんな話を面白がって新しい愛人フランソワーズに語るピカソとは一体何者!? 21歳で40歳も年長のピカソと会って10年近く、生活を共にし、その間浮気もするピカソとの生活を克明に記録するフランソワーズの愛と憎しみと創造の狂気的実録。そんな中でフランソワーズの冷徹な眼によるピカソの制作過程の実況はピカソの創造の秘密の花園にこっそり侵入したような戦慄《せんりつ》さえ覚える。複雑にからんだ2人の激化する感情の中でピカソの語る哲学をフランソワーズは一字一句記憶の淵から引き出しながら彼女の文学的教養と透徹した知性で視覚言語化していく、その瞬間に私はピカソの錬金術の魔力にひっかかってしまうのだった。フランソワーズは元々画家で、ピカソの作品の模写の経験もあり、身体的技術のなんたるかをよく理解している。

ピカソとフランソワーズ2人の生活の中に常に亡霊のようにかつての複数の愛人が見え隠れするだけではなく、時には土足で闖入《ちんにゅう》してくることもある。ピカソはそんな闖入者に対して自然体を装うけれど、フランソワーズにとっては心を乱される対象である。2人の間に2児がいて、長男のクロードには私は何度も会っているので彼の子供時代を知りたいと思ったが、多くは語られない。

ピカソの周辺にはマティス、ジャコメッティ、シャガール、ミロ、レジェらの芸術家が多数登場して、彼らとの交流が生々しく伝えられる。ピカソは相手かまわず、本能むき出しの偏屈、中には絶交してしまう友人もいる。ピカソの破壊をともなう創造は日常生活の中でも例外ではない。ピカソに大きい影響を与えた黒幕的存在でもある運転手は、文化的虚飾に毒されていないだけに透明な感性を持つ。25年間ピカソにかしずいた男だったが、ある不祥事で簡単に解雇されてしまう。「フランソワーズだっていつかあんたを捨てる日がくるでしょうよ」と捨てぜりふを吐いて忘却の彼方《かなた》へ。

そして、ついにピカソとフランソワーズの破局は現実となった。だけど、この時点で次の愛人がスタンバイしている。ピカソと女の邂逅《かいこう》と別離。2人の女の自殺者。闘牛を愛するピカソは芸術の闘士か! 芸術のカオスか!

評・横尾　忠則

美術家

いないだけに透明な感性を持つ。25年間ピカソにかしずいた男だったが、ある不祥事で簡単に解雇されてしまう。「フランソワーズだっていつかあんたを捨てる日がくるでしょうよ」と捨てぜりふを吐いて忘却の彼方へ。

そして、ついにピカソとフランソワーズの破局は現実となった。だけど、この時点で次の愛人がスタンバイしている。ピカソと女の邂逅《かいこう》と別離。２人の女の自殺者。闘牛を愛するピカソは芸術の闘牛士か！　芸術のカオスか！

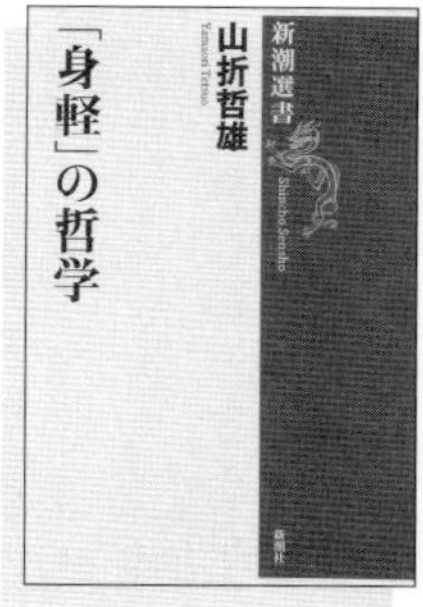

「身軽」の哲学

山折哲雄

新潮選書　2019／6／22

口癖のように「身軽になりたい」という著者の希望が病気によって叶えられた。長期の病気体験の結果「無苦安穏の境地」、存在の軽さを経験した。と同時に「本」に盛られている「思想かぶれ」からも身軽になりたいと愛蔵本をごっそり手放す。すると不思議な解放感がこみあげてきた。「重たいものから離れ」たいと思う著者は西行、親鸞、芭蕉、良寛の四人の先人の生き方死に方に、存在の重さから存在の軽さへの主題をとらえた。

古代インドの賢人たちは四つの人生段階を〈学生《がくしょう》期、家住《かじゅう》期、林住《りんじゅう》期、遊行《ゆぎょう》期〉の四住期とした。第一と第二は世俗的ステージ、第三は字の如《ごと》く半僧半俗の林住期を生きた人間。先の四人である。現代も重荷をかかえ軽みを求めてさまよう「ひじり」がいると著者はいう。

第四の遊行期の人間は万にひとりの不退転者では？

　ここでいったん本書から離れて私と著者の共通体験を回想してみたい。上京したものの鳴かず飛ばずの苦い時代に自死を主題にした作品を発表し、郷里の家を断捨離して有り金持ってヨーロッパで使い果たしてスッカラカン。帰国と同時に母の死。動脈血栓で片足切断の危機。これ以上の「身軽さ」はない。断捨離的「身軽」ではなく、己を離れた「己軽」さだった。そして自分が行ってきた足跡を清算することの精神的漂泊の旅の反復が始まった。

　西行は武士の生き方と対峙、親鸞は仏教の破戒性と対峙、芭蕉は不易流行に対峙、良寛は隠遁《いんとん》の意味を追求。彼らとて生活用具を売りとばして「身軽」になるというより、如何に己の存在を捨てることで「己軽」になることの反復によって、本当の捨てるものが見えてきたのではないだろうか。私が対峙したのは、アートである。自己の内部のヤバイ、エグイ、ダサイものを創造に転換して個人から個の普遍へ視座を移した。四人ともクリエーターである。だからこそそこに芸術が存在するのである。

百鬼園
戰前・戰中日記（上・下）
内田百閒
慶応義塾大学出版会
2019／7／6

映画「まあだだよ」の頃、黒澤明監督から「内田百閒は面白いよ」と聞かされて、百閒漬けになる。三島由紀夫も絶賛。本書は僕が生まれた昭和11年から19年の空襲前夜までの日記で2・26事件当日はたった一言「軍人謀反の噂《うわさ》を傳《つた》ふ」と無関心を装う。夏目漱石は日記は事実だけを記すべしと言っているのでその門下の百閒はそれを実践？

例えば長男が重態、そして「間もなく死んだ」とそっけない記述。かと思うとコノハヅクの容態悪く、心配で何事も手につかない。百閒の不可解な無情感。

全篇にわたり持病の結滞が悪く連日医師の診断を受けながらも、散髪は欠かさない。そして風呂は月1、2度程度。清潔癖なのか不精なのかようわからんけれど、熱い湯は苦手だった。生活の実体が見え隠れする中で、いつもお金に困って、その工面を百閒式錬金術によって乗り越えるが三日にあげず「無為」の記述が続く。百閒さんの「無為」は「何かしようと思つてゐる時の癖」らしい。その間、親しい佐藤春夫を頻繁に訪ねる。用件が見えてこないが、多分錬金だろうと想像するしかない。そんな佐藤は百閒の長女の仲人を申し出るが、断ったために長い2人の蜜月期が終焉を迎える。友人に対する一抹の未練もなさそう。情に流されない百閒のダンディズムとベタベタしない乾いた潔さは芸術魂か。

在宅時、アポなしの突然の来客に悩まされることが多かったが、14年4月に、日本郵船に就職。錬金の苦労はなくなり、出勤も退社もタクシーでセレブな生活に変化。何もかもが前向きになった頃から次第に時代の雲行きは悪化。タクシー通いは乗り合い自動車、省線電車に替わる。

このころ百閒の芸術は時代と裏腹に、「東京日記」や『北溟』などの名作を発表。16年12月8日大東亜戦争勃発。19年11月1日、戦火の中、「防空壕《ごう》ニ這入《はい》ラウトスル」ところで日記は終わる。

黒澤明の羅生門
フィルムに籠めた告白と鎮魂
ポール・アンドラ　北村匡平訳
新潮社　2019／7／20

　黒澤明監督は、ハリウッド映画の明るさに比べ、日本人の悲劇性を好む体質に対して「僕はただ、国民映画を一番美しく、一番美しくと考えて行く」と述べた。政府の検閲は日本的なものを守る限り黒澤の発言は大歓迎であった。そしてその言葉通り「一番美しく」という題名の映画を後に妻となる矢口陽子を主役にして撮った。

　と、ここまでの話を聞いていると体制的な国策映画のように読みとれなくもないが、世界を驚愕させた「羅生門」はこの世のものでないかのような悲劇的美しさに唖然としてしまう。そんな世界の評価に比べて、日本人の評論家の「思想かぶれ」の論客たちは「思想の欠如」と切り捨て、訳のわからない「小難しい、こじつけの理論」を振りかざす。例えば「七人の侍」を「村を襲う盗賊がアメリカ人の象徴だ」と稚拙な論理で決めつけて人の足を引っぱるような日本の批評家たち。三島由紀夫は黒澤を「中学生並みの思想」と嗤《わら》う。

言論人の多くは、視覚言語が内蔵する美の霊力の感知能力の欠如によって、過去に日本映画の名作を無視してきた経緯がある。本書の著者はアメリカ人で、日本人に代わって黒澤映画の美の普遍性をコンコンと諭しながら日本人に自信を与えてくれる。と同時に、黒澤映画を越えて日本の創造力の根底に流れる死生観をクローズアップ。その方法は、黒澤の自殺した活弁士の兄丙午《へいご》の死を映画の基底に位置づける。黒澤映画のほぼ全体に通底する死を「羅生門」の死んだ侍の霊魂のように、検非違使の庭で巫女《みこ》の口を通して如何に自死を選んだかを語るシーンが、能のシテが亡霊となって怨みを晴らす情景とどこか一体化する。著者は黒澤の内在する死の表現に丙午の死を影としてシテのように語る。

ぼくは感応しながらこの高度な「羅生門」とアキラ・クロサワ論を能のワキの人物になったつもりでじっくり鑑賞したのだった。

化物蠟燭《ばけものろうそく》
木内昇
朝日新聞出版　2019/8/3

「ブンガクノ　ゴクイハカイダンデ　アル」トサトウハルオガ　イッタト、ミシマユキオガカイテイル。
サトウハルオガ　ゼンブン、カタカナデ　カイイショーセツヲ　カイタ。ハナシヨリ　カタカナガキモチワルクテ　コワイ。
ワタシモ　コノホンガ　カイダンナノデ、ショヒョーヲ　コワクスルタメニ、カタカナデカク。
「化物蠟燭《ばけものろうそく》」ハ、コワガリヤヲ、アルリユウデ、ウントコワガラセル　ハナシ。トージョージンブツヲ　コワガラセルノト、ドクシャヲ　キョーフノドンゾコニ　オトスノト　ハナシ

ジタイヲ　キョーフジタテニ　スルコトデ　カイダンノ　アジツケハ　ゼンゼン　カワル。
「隣の小平次」ハ　ナガヤノ　カベ一マイデ　シキラレテイル　トナリニ　ヒッコシテキタ
ワケアリノ、ダンジョノ　オトコガ　ジツハ　ユーレイ　デハナイカ？　ノウワサニ　キン
ジョジュウハ　ソーゼン。シカモ　オンナハ　チョーゼツビジン。コレダケデ　ナニカアル
ト　オモウデショ。ソウ、デルンデスヨ。
カンマツノ「夜番」ハ、ヒトノ　ミエナイモノヲ　ミル　トイウ　ノーリョクヲ　サズケ
ラレタ　オトコガ、ナガヤノ　ワガヤニ　デル　カゲニ　ツキマトワレ、ソノカゲガ　シダ
イニ　ジッタイヲ　アラワシハジメ、ソノカゲノ　ネガイヲ　キイテヤル、トイウ　ナント
モ　キミョーデ　カナシクモ　ウツクシイ　ゾクットスル　ハナシ。ソコニ、ソット　アジ
ツケサレタ　オイロケモ　アッテ、ブンガクノ　ゴクイガ　チラリト　スル。
タノ四ペンモ　ソレゾレチガッタ　アジツケノ　カイダンヅクシデ　ドクシャノ　タマシ
イヲ　ワシヅカミニスル。イイタイケド　イワナイ。「ゼヒ、ヨンデミテクダサレマセ」
コノ　カタカナ　ショヒョーヲ　カイタ　ワタシハ「フザケンナ」ト　シカラレルノガ
一バン　コワイト　イエバ　コワイデス。

絵から生まれた17の物語
短編画廊
ローレンス・ブロック〈編〉　田口俊樹ほか訳
ハーパーコリンズ・ジャパン　2019／8／17

赤い苺《イチゴ》のような乳首をした踊り子に熱心な画家が、妻をモデルにヌードを描く。妻がこっそり覗き見すると、自分の裸が踊り子に変わっている。ある日、妻は赤い乳首をして、舞台のかぶりつきで観ている夫の前に踊り子になって登場して小さい復讐劇を演じる。実はこの場面を先行したそっくりの絵がある。

エドワード・ホッパーはアメリカの人気画家で現代美術に大きい影響を与えている。そんなホッパーの17点の絵に17人の作家が、短編小説で挑戦する。

冒頭の一編はミーガン・アボットの「ガーリー・ショウ」。ホッパーのどの絵も物語を誘発する魅力がある。まるで静止した映画の一場面のようだ。アメリカの孤独なフトした生活の瞬間を、不穏な空気を、予知的に描く。作家のローレンス・ブロックが、ホッパーの絵を「物語は語られるのを待っている」と語るように、挿絵ならぬ「挿字」化されていく。

隣接した隣のビルの一室を描いたサスペンス風の絵がある。まるで映画「裏窓」である。作家の眼は、窓越しの部屋の内部にズカズカと、妄想が侵入していく。

次の絵も、外部から窓越しに部屋の中をホッパーは盗み見する。会話のない夫婦の間に息づまる空気が漂う。この絵に息を吹きかけようとしたのはスティーヴン・キングだ。夫婦の間を支配する息苦しさに終止符を打ったのは、夫の妻に語りかける言葉だった。妻を無視してひとりうつむきかげんで新聞を読む夫に断絶した怠惰な夫婦の関係を憂慮したが、私のとり越し苦労だった。二人の間の会話ははずんでいった。ごくありふれたマンハッタンに住む中年夫婦の生活のひとコマかと思ったら、そこに〝犯罪〟が立ち上がる。

ホッパーの絵はどの絵もヒッチコック風のサスペンスを期待してしまう。物語を誘発するようなエロティシズムが底流にある。うまいところに目をつけた編者のアンソロジーである。

幻島図鑑
不思議な島の物語
清水浩史
河出書房新社　2019／8／31

「幻島図鑑」〈不思議な島の物語〉という表題に思わず飛びついた。血湧き肉躍ったあの少年時代に一気に瞬間移動。幻島と聞けばベルヌ「神秘の島」、ウェルズ「モロー博士の島」、乱歩「パノラマ島奇談」を想像。

震える手でこの本を開いた。「アレッ!?」。本書はボクが妄想した怪奇海洋幻想冒険譚ではなく、人口ほぼ0人の無人孤島を巡る「珠玉の日本・幻島ガイドブック」（帯文）ではないか。架空の島ではなく現実の無人島なんだ。だけど、待てよ、見えない何かが胸騒ぎを起こす。（その正体は？）

冒頭、あった島が海面下に消えて失くなった。（アトランティス？　ムー？）オホーツク海のエサンベ鼻北小島の話。いきなり、これだ。現実が仮想化、小説より奇なりだ。

次は鵜渡根《うどね》島。まるでエジプトの三つ並んだギザのピラミッドそっくりなのは東京都所在。人など寄せつけない険しい島に、神社がポツン。そんな人を拒絶した島に、ある民俗学者が崖を這い上がって、神社の祠《ほこら》の中のご神体を取りだして、写真を撮った。何か祟《たた》りがなきゃいいが、と思ったら近くの新島に異変が起こり、その挙句、学者は重い病に倒れる。フィクションより怖いですね。

どこかベックリンの絵「死の島」を彷彿とさせる軍艦島（石川県・見附島）は造形芸術。霊感を刺激するカッコイイ島。

羽島（山口県萩沖）は過疎化のため、住民達が島を売ってしまった。やがて公共のレジャー施設「夢の島」として脚光を浴びたが、繁栄と滅亡の法則に従って、ルネ・クレールの映画のように「そして誰もいなくなった」。

ねずみ島はねずみの形そっくり。名は体を表して、愛媛のこの地方の島々では、ねずみ算的に大量の大群がぎゃおぎゃおと物凄い声をあげて海を渡った。シュールで幻のような島々の不思議な物語が満載。フィクションを超える幻島はこの後もまだ続く。

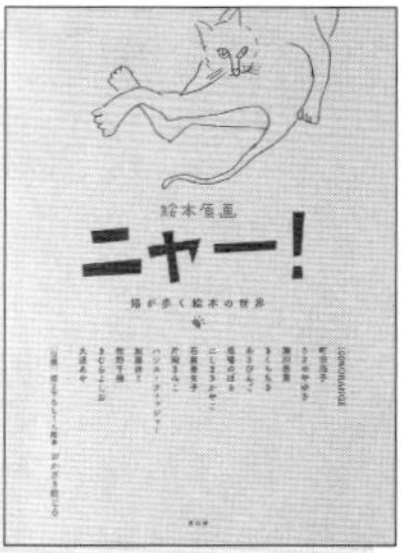

絵本原画　ニャー！
猫が歩く絵本の世界
福永信〈執筆・構成〉
青幻舎　2019／9／7

猫——。猫は私にとって生活必需品なり。これがなきゃ生きて行けません。猫は芸術なり、美神《ミューズ》なり、愛であり、私自身なりと愛猫家の画家なら誰でも想う。

だから猫が想像通りに描けないのだ。絵の対象になった途端、それはデフォルメされ、破壊しなければ芸術にならない。

だからピカソもピカビアもウォーホルも頭が痛い。猫可愛がりのあまり、猫を神聖化して聖域に祭り上げて、猫と自己同一化。ついに創造の対象は、芸術的主題の外輪からはずされてしまった。

猫曰《のたまわ》く、「なんでや、わてらが可愛いのは罪か!?可愛いものを可愛く描くのが画家ちゃうんか！今や、カワイイは世界共通言語になっとんとちゃうのか！」

ハイ、画家は根性が曲がっとるので、対象をみにくく曲げて描くことが芸術やと思ってまんねん。

「ワカッタ、そんな連中を相手にするのは止《や》めや」

そこで組織したのが絵本作家の猫の原画展だ。ここに集合した猫派の画家は、情に流されたり、ややこしいことは考えたりしない、思った通りに素直に自在に描きまくる。

１００％ＯＲＡＮＧＥやささめやゆきは幼児の気持ちをそのまま表し、町田尚子は映画的アングルで昭和の時代を情感たっぷりに猫生活を描く。瀬川康男はピカソに代わって悪猫が登場。きくちちきは目茶目茶、抽象表現主義で暴れまくってくれる。あきびんごは世界の民族衣装でコスプレを競うかと思うと夏の宿題のような猫採集。馬場のぼるの猫マンガ。にしまきかやこは猫画家がミロを次々贋作《がんさく》していく。石黒亜矢子の猫は怪猫に化けて、鳥獣戯画も杉浦茂もマッ青。本書にはさみ込まれた豆本は、おかざき乾じろ。手当たり次第に掻《か》きむしる猫の行為そのままの現代美術。

私ごと――。死んだタマを１００匹制作中。やっぱり猫可愛いがりが祟って、絵になりまへん。ハイ、私は猫の下僕です。

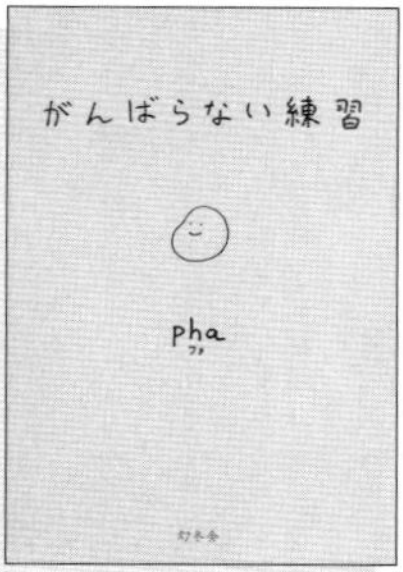

がんばらない練習

pha《ファ》

幻冬舎　2019／9／21

「がんばらない練習」などしなくても、老齢になると好奇心が失せて、心配しなくてもがんばれません。ｐｈａ（ファ）というコードネームを持つ著者は、私の年齢の半分だけれど、すでに老境？ 本当の老境の人は身体の機能が劣化、頭の回転能力も低下。だるい面倒臭いと、受動的で何もせず、何も決められず、人に全部決めてほしい、と思い、常に疲れていて社交のエネルギーの衰退と嘆くのは老人特有の物ぐさ。まさにｐｈａさんそのものです。

ｐｈａさんは未知のことが次々起こるのが怖くて、既知のものを沢山持ち運ぶことで身を守る。芸術理念とは逆行。つまり一度も選択を間違えたくないという完璧主義者。必然的に「何が起こるかわからない生《なま》の現実に身を投げ出すのを恐れ」るみたい。自分に欠如しているのは体験だと自覚。「頭で考えてからじゃないと反応ができない」らしく、何をすべきかが全くわからないとおっしゃる。それはｐｈａさんの知的学識の高さが失敗を許せないのでは？　アートは失敗、偶然、未完、サプライズが創造の核。と同時に死の不安を抱えているが、ｐｈａさんは「自分の人生が無限なような気がして、死を意識せずに生きてしまっている」と言う。だからというわけではないが、「何をするべきなのか全くわからない」と。同じような問題をかかえている人は多く、ｐｈａさんのようにネット依存者で風呂に入る時もスマホを手放さない。

とはいうものの、自分のやる範囲の面白いことはやり尽くして、自分の人生は、成るようになっているので死ぬ時の後悔はないと。大抵の人は煩悩の執着の糸が断ち切れないまま死ぬんだろうけれど、その点、ｐｈａさんは欲望や野心から解放されている。そして最後に、できないことの方が他者と違う自分らしさを作り、だめな自分を認めて愛されるのが、この本で言いたかったことだと締める。

長寿と画家
巨匠たちが晩年に描いたものとは?
河原啓子
フィルムアート社　2019／10／5

巨匠だから長寿なのか、長寿だから巨匠なのか。画家は他の職種の人に比べると長寿者が多い。本書はそんな画家の長寿の秘密を解明するのが目的ではない。15人の国内外の画家の晩年に焦点を当てる。創造と生活の間で肉体の衰えを実感しながら、肉体の限界と精神の無限にヨレヨレになりながら、命の崩落寸前までその創造の可能性を探究する気力。画家のカルマの総仕上げの事業を成就する生命エネルギーに思わず一画家として煽《あお》り立てられる思いである。

ゴヤは聴覚を、そして、ドガは視力をほぼ失い、モネは白内障で失明の不安に苛《さいな》まれながら、ルノワールはリウマチの痛みと闘い苦しみながらの制作。ムンクは生涯心身の不調に苦しむ。しかし、画家を襲う終末時計の刻む音を聴きながらでも、地獄の底にもベアトリーチェの待つ天国への希望の光が差している。結局創造の歓喜はやるせない老年期の後に「すべては自分自身に返ってくる」(ピカソ)。絵筆を握ることもままならない苦渋のさ中でルノワールは「芸術は人々の真実の歴史だ。人生と理想を見出させてくれる」と語る。

北斎は長寿願望が強く、68歳で脳卒中で倒れ、79歳で火災に遭いながら神仏を求め続けて苦難を祓《はら》いながら、平均寿命の短い江戸時代に数えで90歳までの生涯を全う。尚かつ、「天があと10年……、いや5年、私を生かしてくれたなら、本物の絵師になれるのに!」と。

このような北斎の創作への貪欲は一般の欲望とか煩悩の類《たぐい》とは違う。創造とはある意味で神との一体化、自らが宇宙的存在と同一化するケタはずれの大欲である。このような自己を全うすることは肉体と魂の一体化によって、宇宙エネルギーが画家に創造(生命)の霊力を与えるのである。ここには一切ストレスは介在しない。目的を持たない幼児の時間に生きることができるまれに見る天才達の長寿の秘密がここにある。

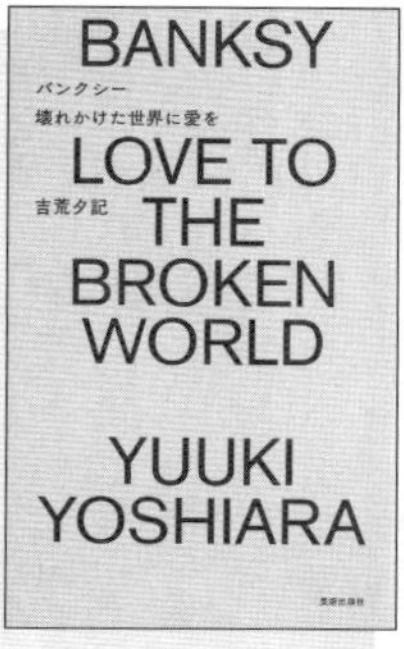

バンクシー
壊れかけた世界に愛を
吉荒夕記
美術出版社　2019／11／23

前代未聞の出来事が起こった。ロンドンのオークション、サザビーズで売り出された作品が、衆目の面前で額縁の底から無数に切られた短冊になってズルズルと落ち始めた。そんな様子がテレビ、新聞等によって報道され、この作品の作家バンクシーは一躍世界的なアーティストになった——。

とは、私の認識不足で彼はすでにストリートアーティストとして世界各地で物議を醸し続けている。覆面作家としてその存在は怪盗ルパンのように神出鬼没。だが、ルパンのように物を盗まない。むしろ作品を建物の壁などに描き残して姿をくらます。その絵の価格は驚異的な高騰ぶり。

そんなバンクシーの作品は強烈な社会批判を続けながら美術の制度も根底からひっくり返す痛快さ。20世紀の美術の価値を転覆させたデュシャンの鬼っ子でもある。デュシャンは既成の日常品を選んで、〈新しい主題と観点のもと〉に本来の機能を逸脱することで〈新しい思考を創造〉した。

このかつての革命的な美術的事件の延長にバンクシーの匿名的でスラップスティックな身のこなし方は位置づけられる。デュシャンの亡霊を演じ続けながらアートの従来の機能を無化させ、美術界に限らずマスメディアを喜ばせて、その行状は常にニュースソースになる。

本書の著者はそんなバンクシーの点と線を追跡しながら、現地で直接体験し、「アートとは何か」を冷めた視線と感性で追い続け、バンクシーのミステリアスで不可解な創造と行動の核心に迫っていく。

私はバンクシーのようなプロパガンダ作家とは対極の、主張をしないことを主張することで現実や社会に関わっているような気がしています。本書を読みながら私は、ピカソが観光客の集う海辺の砂浜に棒切れで絵を描き、それが波に攫《さら》われるのを見て喜ぶエピソードをふと思い出して笑うのだった。

ピカソの私生活
創作の秘密
オリヴィエ・ヴィドマイエール・ピカソ　岡村多佳夫訳
西村書店　2019／11／30

本書は作品や写真が多数掲載されているせいか本文は横組み。その延長で書評も横組み。ピカソのキュビズムは縦横斜め回転。女性遍歴もその作品も20世紀の様式をひとりで駆け抜けた。91年の生涯を万華鏡的様式とその変化に寄り添った7人の女性とピカソの物語。

ピカソにとって様式のマンネリは死をも意味する。その様式の変化の原動力は性愛のエロティシズム。ピカソの芸術に寄与、貢献した愛人と妻の愛と、創造の葛藤の歴史を、愛人マリー＝テレーズの娘マヤの子、オリヴィエが綴る。ピカソの私生活と創作の秘密をドキュメンタリータッチでリアルに描く。身内の書いた伝記では他とは一線を画す不思議な愛憎のドラマとして興味津々。私事になるが本書の著者の母マヤとフランソワーズ・ジローの子クロードを知る者として、ピカソ一族には特別の興味を抱き続けている。

話は変わるが、仏教用語に随縁という言葉がある。仏の縁によってものが変化する。特別の努力を必要とせずに成るように成る。新しい生き方を求めることによって新しい縁が生起する。

ピカソの人生には常に随縁が関与するが、それが女性である。彼は自らの約束された運命を生き抜いた稀有な芸術家であるが、彼の様式の変化と、女性たちとの随縁による出会いは彼の芸術に不可欠である。彼の女性遍歴と作品の様式は奇蹟《きせき》のように一体化し、二人の愛は二輪駆動車のように見事に回転する。が、それも束の間、新たな女性の出現によって、時には複数の女性を相手にする創造的必然に、追いつ、逃れつ、サスペンス映画の様相を呈することもある。

ピカソ自身の本性は無垢な子供の魂そのものだが、子供同様、常に物事に飽き、流動する変化を愛し続ける。複雑な人生にもかかわらず、ピカソにとってはどこか遊戯的にさえ見える。台風の目の中心にいるピカソは周囲を振り回し、彼に関わった全ての女性や子供も、どこか悲劇的な運命に翻弄されていくが、彼の求める世界は常に芸術そのもので、それを支える女性は芸術必需品のように思えなくもない。

ピカソの私生活　創作の秘密

オリヴィエ・ヴィドマイエール・ピカソ〈著〉

岡村多佳夫訳　西村書店　4180円

作品と女性遍歴が一体化して回転

Olivier Widmaier Picasso
61年、仏生まれ。27～44年までパブロ・ピカソの愛人だったマリー＝テレーズ・ワルテルの娘マヤの息子。映像プロデューサー。パブロと死の直前まで手紙を交換していた。

本書は作品や写真が多数掲載されているせいか本文は横組み。その延長で書評も横組み。ピカソのキュビズムは縦横斜め回転。女性遍歴もその作品も20世紀の様式をひとりで駆け抜けた。91年の生涯を万華鏡的様式とその変化に寄り添った7人の女性とピカソの物語。

ピカソにとって様式のマンネリは死をも意味する。その様式の変化の原動力は性愛のエロティシズム。ピカソの芸術に寄与、貢献した愛人と妻の愛と、創造の葛藤の歴史を、愛人マリー＝テレーズの娘マヤの子、オリヴィエが綴《つづ》る。ピカソの私生活と創作の秘密をドキュメンタリータッチでリアルに描く。身内の書いた伝記では他とは一線を画す不思議な愛憎のドラマとして興味津々。私事になるが本書の著者の母マヤとフランソワーズ・ジローの子クロードを知る者として、ピカソ一族には特別の興味を抱き続けている。

話は変わるが、仏教用語に随縁という言葉がある。仏の縁によってものが変化する。特別の努力を必要とせずに成るように成る。新しい生き方を求めることによって新しい縁が生起する。

ピカソの人生には常に随縁が関与するが、それが女性である。彼は自らの約束された運命を生き抜いた稀有《けう》な芸術家であるが、彼の様式の変化と、女性たちとの随縁による出会いは彼の芸術に不可欠である。彼の女性遍歴と作品の様式は奇蹟《きせき》のように一体化し、二人の愛は二輪駆動車のように見事に回転する。が、それも束《つか》の間、新たな女性の出現によって、時には複数の女性を相手にする創造的必然に、追いつ、逃れつ、サスペンス映画の様相を呈することもある。

ピカソ自身の本性は無垢《むく》な子供の魂そのものだが、子供同様、常に物事に飽き、流動する変化を愛し続ける。複雑な人生にもかかわらず、ピカソにとってはどこか遊戯的にさえ見える。台風の目の中心にいるピカソは周囲を振り回し、彼に関わった全ての女性や子供も、どこか悲劇的な運命に翻弄《ほんろう》されていくが、彼の求める世界は常に芸術そのもので、それを支える女性は芸術必需品のように思えなくもない。

彼は自身の子供や連れ子たちの名を作品番号のように誕生年で呼ぶ。1946、1947、1948、1949と。

ピカソの死後、彼の作品や財産問題の整理を終えた最後の女性ジャクリーヌは、この壮大なひとりのまれに見る芸術家の物語の幕を引くように自らの命を絶つ。

イスラム教徒がモスクの入り口で靴を脱ぐように、自分もアトリエの入り口で肉体を脱ぎ捨てるのは画家が一般的に長生きする理由だとピカソは最後に結ぶ。

評・横尾　忠則

美術家

彼は自身の子供や連れ子たちの名を作品番号のように誕生年で呼ぶ。１９４６、１９４７、１９４８、１９４９と。

ピカソの死後、彼の作品や財産問題の整理を終えた最後の女性ジャクリーヌは、この壮大なひとりのまれに見る芸術家の物語の幕を引くように自らの命を絶つ。

イスラム教徒がモスクの入り口で靴を脱ぐように、自分もアトリエの入り口で肉体を脱ぎ捨てるのは画家が一般的に長生きする理由だとピカソは最後に結ぶ。

いやいやながらルパンを生み出した作家
モーリス・ルブラン伝
ジャック・ドゥルワール　小林佐江子訳
国書刊行会　2019／12／14

モーリス・ルブランは度々言う。自分は無意識によって動かされている。それも自分の知らぬ何かに。勝手にアイデアが湧いてきて、潜在意識が自分を操っているので努力などする必要がないと。

ルパンの名はバルザックの『人間喜劇』の登場人物リュパンに似ていたり、パリの市議会議員のアルセーヌ・ロパンを連想するが、彼を突き動かす力は「すべては僕の無意識の中に生まれた」と無意識を強調する。有名な占師が「途方もない成功を収め」「世界で最も知られた作家の一人」になると予言。そして人生の最後まで取り憑くルパンに人生が振り回されるが、それは彼の運命であろう。

ルブランは純文学的作家を志望してモーパッサンの弟子となり、才気溢れる緻密な文体は師匠からの遺産。前途有望な作家を保証されながら、世界的な人気を得たのはアルセーヌ・ルパンの冒険小説であった。彼を動かす反磁力が運命を導いた。

彼にとって意外だろうが、コナン・ドイルのシャーロック・ホームズを凌ぐ人気で、彼は自作の中でルパンとホームズを闘わせ、圧倒的な支持を得る。

そんなルブランは「あいつが僕の影なのではなくて、僕があいつの影なのだ」と述懐するが、本書のカバーはルブランの影がルパンになっている。何故?

「いやいやながらルパンを生み出した作家」は〈自分が生み出した怪物に人生を乗っ取られてしまった〉(訳者)が、彼を乗っ取った張本人は彼の運命である。

題名の「いやいやながらルパンを生み出した作家」というフレーズに僕はルブランの人生の奇異な秘密が隠されているように思う。「いやいや」に到達する境地こそ実は高いレベルなのである。ある次元に達すると嫌になるものだ。「いやいや」には自我を放下した悟性が宿る。また悟性に達しないと「いやいや」とならないものだ。ここに創造の神髄が見える。

サブリナ
ニック・ドルナソ　藤井光訳
早川書房　2020／1／11

『SABRINA』はマンガではあるが、マンガではない。コマを追いながら縦に読めばいいのか横に流せばいいのかとまどう。絵が単純でミニマル、感情が希薄。セリフはあるが、方向指示がない。進行しているのか後退しているのかわからなくなる。その上、色彩が全体に灰をかぶったように鬱陶《うっとう》しく、まるでスモッグの中にいるようだ。同じ場面が反復されるのは時間が静止しているのだろうか。そんな場面が動くことがある。視線の移動が映画のカメラのように対象を追う。パーンをしてみたり、ズームをして寄ったり引いたり、カメラを固定したままかと思うと、突然画面が変わって元の位置に戻ったりで、読者自身が動き回らなきゃならない。映画なら擬音があったり、音楽があったりするが、ここにはそんなものはない。台本に描かれた絵コンテを見ているよう。また小説のように地の部分がないので、ボンヤリセリフだけを追っているとわからなくなる。主観的な表現かと思えば、そうでもない。読み手が勝手にコンフューズされてしまっているので作者の責任ではない。現代美術のコンセプチュアルを見ているような、そうでないような。この本は読む能力と同時に見る目の技術がないと作者と共有できない。そんな迷宮的なところがこの物語とどこかで結びつく。主人公の一人サブリナがある日、仕事の帰路、突然行方不明になる。本書を読む者も、この絵の中で予測不能状態になって行方不明になる。そして事件の中に巻き込まれて、何が自分の中に起こっているのかわからなくなる。この本の推薦者達はこの物語の不可解さと謎に最大限の賛辞を送るが、僕は物語はともかく、この気分が重くなる薄暗い色彩の不可解さに翻弄されてしまったことに衝撃を受けている。が、この色彩感覚は素晴らしい。これはマンガ、文学、美術、映画、一体何なのか。わからないのはどうも僕自身の問題らしい。

ヒエロニムス・ボス
奇想と驚異の図像学
神原正明
勁草書房　2020／1／25

こんな絵を描く画家はヒエロニムス・ボス以外にいない。彼の絵は彼自身の死の記憶である。「死の記憶」というのは輪廻を超えて魂が経験した彼の前世の、かつて死んだことのある死後生の実相世界の記憶である。そんな死の記憶を彼の霊魂の働きによって、この現世に蘇らせたというのがボスの絵である。

とは私の寝言として聞いてもらっていい。いきなり話を飛ばすが、ボスの絵の中に驚くほどＹ字が繰り返されて描かれていることに気づいていなかったというのは「Ｙ字路」を主要なテーマにしている私としては不覚であったことを自覚したい。ボスはＹ字の「自由意思」を重要な表現のテーマと考えていた。Ｙ字路は左右に分かれる岐路として「人間そのものを象徴」している。Y字路の分岐点に立つ時、人は左右の選択に迫られる。我々の日常は常にY字路に立たされている。

図像学問的には右は正しく左が地獄に通じる。右が下り坂で、左が上り坂になっているのでその判別は逆かと思うがそうではない。Y字は古くからピタゴラスと関係してきたらしく、若者の道徳的瞬間を示すともいう。

著者とボスの出会いはボスの画集から始まった。一般的に絵画を見る時、無意識に画面から立ち上がってくるアウラを感応する。一方、図像学は美術評論家や詩人の関心を促すと言うが画家はむしろ図像学を創造の対象とはしない。図像学は一種の理屈で、まるで探偵小説の暗号の解読に似ていて、時には画家の意図しない本意を見つけ出す。

とはいうものの、私だって如何に描くかと同時に何を書くか知恵を絞る。そこに図像学の知識と教養を導入すれば、思わぬ創造の飛躍を体験することになる。本書との出合いが、私の創造の霊験の宝庫となるなら無関心ではおれないのが図像学ということになろうか。だが、尊重すべきはY字の「自由意思」である。

南極殺人事件

竹谷正

編集工房ノア　２０２０／２／８

カキーンと張った凍結した空気、青と白の抽象世界、そんな生活感の欠落した異次元空間に鮮血が飛ぶ。絵画的色彩のギャップが引き起こす殺人事件。

物語の語り部は著者（先生）と長年のくされ縁で結ばれた旅行会社のきみ子と呼ばれる添乗員。口を開くと「きみ子、きみ子」と連呼する先生は眼科医と作家の二足のわらじを履く本書の著者で、妻同伴での南極旅行に参加する。

きみ子には一人称で馬鹿丁寧な敬語調で語らせるが、その内容は慇懃《いんぎん》無礼。そして先生自らは三人称のコテコテ大阪弁やけど、これも計算の上での戦略。きみ子と先生は共犯関係で、先生は自己をフィクション化してそれとなく小説内で自らの存在をＰＲしはる。

ぼんやりと読んでいると本書はきみ子と先生の長いくされ縁のぼやきをつづった旅行記か手記かと勘違いさせられる。まあ二人の関係はともかく、早《は》よう、本命の南極殺人事件を起こしてえなあ、と先生の口調を借りて大阪弁で抗議をしたくなる。

南極は地球上で隕石の落下率が高いという。隕石にえらい興味を持ったはる先生はきっと隕石と殺人事件を結びつけはるに決まっている。天からの隕石に直撃されて人が死ぬのは天文学的偶然。でも先生はそれも視野に入れながら、空想は氷原を駆け巡る。

ルネ・クレール監督は「そして誰もいなくなった」の冒頭場面で犯人をカメラ目線で紹介させるが観客は彼に気づかないのと同様、この小説にも先生は遠景風景として伏線を張ってはる。だけど先生は大阪人や、ついサービス精神がでてしまう。ぼくは早いとこ犯人を見抜いていたので、「先生、これ以上近づいたらあかん」と叫ぶ。ルネ・クレールみたいに最初に犯人を紹介してしまった方がかえって解らんで。

それにしても私同様80代で世界一波の荒いドレーク海峡を航海しはった先生は怪物や。

旅する黒澤明
槙田寿文ポスター・コレクションより
国立映画アーカイブ〈監修〉
国書刊行会　2020／2／29

クリスチャンが「聖書」を開くように、世界30カ国で制作された黒澤明の映画ポスター集を僕は飽きずに毎日眺めている。本書に集録された82点の全てが傑作というわけではないが、黒澤映画の芸術性と大衆性、つまり〝High & Low〟によって二分された形で、それがそのままポスターに反映されている。さらにその両者がお国柄によって、再び多様な表現様式を生む。そんな文化的差異を味わう愉しみから、ついに毎日本書を開くことになった。

映画ポスターはデザイナーによっては垂涎《すいぜん》の魅力的媒体であるにもかかわらず、わが国の水準は、商業主義に服従してしまっている。それに比べて海外で制作された黒澤映画のポスターは、自由奔放に暴れまくっているだけでなく、質の高さに圧倒される。

特に昔からポーランドとチェコは国を挙げてポスター芸術の向上のためにあらゆる支援を惜しまなかった。この両国にはそれを証明するかのようにポスターやデザインの国際ビエンナーレが存在する。そうした社会的背景がそのまま黒澤映画のポスター水準を高めており、その自由な表現が高じて、中にはひとりよがりの芸術至上主義に走って何の作品かわからないものもあるが、逆にこのような暴走的な作品がデザインのレベルを向上させていることを考えれば、こうしたトリックスターの存在も評価されよう。

ポーランド、チェコに対抗するのはアメリカの合理的機能主義のモダニズムデザインだが、この一連のデザインはハリウッドスタイルとは一線を画している。この影響を受けているのは、ラテン系の国々のポスターだが、その表現は写真ではなく絵画的であるのが古典的でいい。フランスのポスターはやや文学的、そして黒澤自身の筆による絵画的ポスターは如何にも芸術の都の産物である。

僕も逆輸入の形で海外から依頼を受けて、ハリウッドのＳＦ映画や三島由紀夫の『幸福号出帆』、高倉健の映画のポスターを描いた。向こうは自由のキャパがうんと広いので、思いの丈、楽しめた。日本の映画界も早く世界の芸術的水準のポスターを作ってもらいたい。

冒頭で〝High & Low〟について触れたが、面白いことに「野良犬」のポスターには「High and Low の伝統を受け継ぐ探偵映画の傑作」というコピーが書かれ、また、「天国と地獄」の題名が〝High and Low〟となっているのも笑ってしまう。

〝High & Low〟は、「高尚な芸術と大衆芸術」の意であるが、黒澤映画は〝High & Low〟の魅力そのものといっていいのではないだろうか。

夢の正体
夜の旅を科学する
アリス・ロブ　川添節子訳
早川書房　2020／4／4

★最初の夢の記憶は7歳の時に★見た龍の夢だった。2★度目の記憶はず★っと飛んで25★年後の1970年に見た空飛ぶ円★盤に搭乗させ★られる宇宙的な夢だった。その後7年間、円盤が夢に現★れ続けた。この夢体験を記録するために夢日記を今も記述し★続けている。僕の夢の★大半が超自然的なもので、★現実★と分離したもうひとつの現実が夢だとしても、あまりにもこの種の夢が★リアル過ぎた。

夢に興味を持ったもうひとつの★理由は、夢を記述することで無意識と顕在★意識を統合し、★共時性《シンクロニシティ》を呼ぶというユングの学説だった。この考えはそ★の★まま芸術的創造★に置き換えられる★。本書は夢の正体を探究するだけではなく、夢で問題を解決する方法や★

★、人生の危機に備える予知に★目覚める現象、悪夢の克服方法、そんな研究の記録である。★僕が特に興味を持つの★は夢と創造の因果関係。夢を★ツールとして多くの作家、芸術家★が作品を残している★。ポールの「イエスタ★デイ」は夢の啓示、ベルイマ★ン、フェリーニも夢の光景を描★く。グレアム・グリーンの夢★日記は短編小説そのもの。ステ★ィーブン・キングの『ＩＴ』は★行き詰まった時、悪夢を★見て、その姿をそのまま小説にした。

一方、ダリは明晰《めいせき》夢を見ることが★出来た。明晰夢とは自分が夢を見ていることを自覚している状態のこと。チベットのラマ僧★は明晰夢によって悟りを獲得すると聞いた。こういう域★に達するとＬＳＤも効かないそうだ。目を開けて夢を見ているような人達であ★る。するとある芸術的境地に至ると無意識を★必要としないのかも★知れない。★★

僕が本書で最も関心を持ったのは明晰夢の研究だ。「本★物としか思えないほどリアル」だという明晰夢は超常現象や宇宙の場面が多★いという。あの宇★宙的な夢は明★晰夢だった？

アルス・ロンガ

美術家たちの記憶の戦略

ペーター・シュプリンガー　前川久美子

工作舎　2020／4／25

古代ローマの哲学者セネカの『人生の短さについて』を読んだ人は、本書の言わんとすることがそのままセネカの書の題名であることに気づくはずだ。古代ギリシアにさかのぼる格言「アルス・ロンガ」は今では「芸術家の人生は短いが、作品は長く残る」という解釈に用いられている。

中国にこんな逸話がある。画家が自分が描いた風景画の中に入っていって、そのままフッと消える。この比喩は美術家が作品と一体化、同一化することで死を克服するという戦略を物語っている。多くの美術家は自らの存在を通して何らかの形で歴史に位置づけたいという強い願望を持ち、自画像や自刻像を制作することでモニュメント化しようとする。

その方法は多岐にわたる。与えられた肉体寿命を超えて創造寿命の時間の中で永遠に生きるという願望は様々なモニュメントの作成に拡張されていく。

アンディ・ウォーホルは自己の肉体を陳列するというライブパフォーマンスを試みることで、彼自身が作品以上の存在だという由縁を証明。ロダンはミケランジェロの作品を引用した「考える人」によって自分の作品を自己同定して記念とする。デュシャンは自作の複製画などを自分の身体と同化してスーツケースに納め、ボイスは自らの死を演出するインスタレーションを行い完成後に死んだ。ルーベンスは壮麗な自宅とアトリエをつくって自己を歴史化したが、ギュスターヴ・モローのモロー美術館も同様。ジャスパー・ジョーンズはシリーズ「四季」の中で自然の生成と消滅に人生の老いを重ね、自身の影を自作の中に宿した。また無人のアトリエを描くことで、作家の不在、つまり死を印象づけ、永遠化させる者も多い。

デュシャンは「自分がだれかを知り、自分がなにをやっているかがわかっている画家はいない」と言う。だからフィクション化して転生したいのだろうか。

中学生の質問箱　禅ってなんだろう？
あなたと知りたい身心を調えるおしえ
石井清純
平凡社　2020／5／9

大方の人間が死の不安を抱き、「一切皆苦」、思いのままにならない苦から逃れられない。お金も社会的名誉も欲しい。こんな煩悩の苦しみが、ただ坐って自分をみつめることで解消できるなら座禅を始めたい。

ところが煩悩などはじめから存在しないのだ。さあ困った。「これ、煩悩だなあ」と悩む気持ちは何なの？　と本書の質問者は問う。その答えは「自分の仏としてのはたらきに気づけていない、本当の自分が見えていない状態だ」。

中学生を対象にした禅についての一問一答集だが、観念と知識でがんじがらめのインテリさんにとっては、難解な公案、禅問答だ。禅は「知る」とか頭で「理解する」のではなく、ただ「気づく」のである。仏を自分の外に求めるのではなく、自分が仏であることに気づく。意味はわかるが、実感できない。だったら「只管打坐《しかんたざ》」、ただ坐って、「身心脱落《しんじんだつらく》」を体験する。そして「悟る」(笑)。

悟るとは？　道元禅師に言わせると、「どこか足りない」と思うことだ。大悟に至るためには小悟を何度も重ねていく。

僕は40歳の頃、初めて参禅を試みた。訪ねた禅寺の老師に「何しに来られた？」と訊かれ、「ハイ、悟りに来ました」と答えた。「人は生まれながらに悟っておる。悟った上にさらに悟りたい欲のために来られたのか」。この瞬間、禅にイカれて禅寺を転々。禅にとりつかれてしまった。

禅には戒律はないのに僕はがんじがらめの戒律で身動きがとれなくなって、その挙句、1年後に「ヤーメタ！」と禅寺を後にした。禅は肯定の思想であるが僕は自己否定をした。その後、時を経て日常生活の中に禅を「気づく」ことに気づいた。事実を事実として見ることの極意に。

禅とは今を見つめるおしえで、今は常に流動しておる「いま」だ。その変動の中で自分を見つめ続けることだと著者の僧侶せいじゅん先生は結ぶ。

ザシキワラシと婆《ばば》さま夜語り
遠野のむかし話
佐々木喜善
河出書房新社　2020／5／16

『遠野物語』成立のいきさつは、民俗学者・柳田国男が遠野に住む佐々木なにがしの話を「一字一句をも加減せず」感じたままに書いて柳田の名前で発表したというもので、後に柳田の代表作として、また今では日本の名著として広く知られている。

その語り部は、地元の無教養な素朴で無垢な男によるものとばかり思っていたら、彼は上京して哲学館（東洋大学）に入学、後に早稲田に転学。泉鏡花、三木露風らと交流、何編かの文学作品を発表。だが晩年は病気がちで不遇な死をとげている。

本書には柳田の『遠野物語』の原作者佐々木喜善が蒐集《しゅうしゅう》した膨大な遠野の昔話の中から、二つのテーマに分類され編集されたものが紹介されている。柳田は佐々木は話し上手ではないと言うが、その語り口はなかなか整理された言葉で、さすが文学の徒として洗練されているように思うけど。『遠野物語』に於《お》いても、柳田は「一字一句」加減せず書いたと言っているくらいだから、語り部としても文才はあったのでは。『遠野物語』の原作はいうまでもなく、佐々木である。にもかかわらず彼の名は表舞台には現れない。柳田の見事な文語体が文学作品として高く評価されたせいであろう。現代なら佐々木が著者で柳田がゴーストライターってことになるんじゃないかな(笑)。

まあ、こんな下世話な臆測が本書のテーマではない。柳田民俗学の評価は、彼の言語感覚と、誰も疑問視しなかった西洋近代主義に対する反時代的戦略を貫き通した点にある。近代が見逃している怪異世界をつきつけて、西洋にかぶれる眠れる魂を目覚めさせた。もうひとつの『遠野物語』である佐々木の『ザシキワラシと婆さま夜語り』をぜひ読んでみていただきたい。

あゝ、僕達は子供時代、こんな世界と隣り合わせにあった。帰ればいま一度あの時あの頃に帰りたい。

宿無し弘文

スティーブ・ジョブズの禅僧

柳田由紀子

集英社インターナショナル　2020／5／30

曹洞宗名家から京大大学院、永平寺では特別僧堂生に推挙され、将来嘱望されていたバリバリの修行僧。その地位を捨て、永平寺の高僧に「生涯不犯《ふぼん》を通す」と誓った弘文さんはまもなく渡米する。誓いを破って米国人女性と結婚。向こうで一カ月小屋に籠もって、徹底的に挫折、懊悩《おうのう》した結果、仏道に生きる決意は崩壊。なぜ逆転の生き方を。

米国での弘文さんは「セクシー」と会う人全てを魅惑。当時深い悩みを抱えていたスティーブ・ジョブズもその一人で彼は弘文さんを独り占めしたがる。彼の評判は悪く、金と名誉に溺れ、傲慢でエキセントリック。ジョブズが禅から受けた影響といえば、せいぜい直感ぐらいと世間の目は冷たい。

仏教哲学者鈴木大拙は、知性や論理を媒介とする西洋哲学とは異なり、禅は修行による神秘主義の一形式であると、従来の西洋的視点とはガラッと違うアプローチを展開。ヒッピーカルチャー、カウンターカルチャーの地サンフランシスコの若者やインテリが熱中する精神世界のど真ん中に禅があった。

そんな状況の中で禅のカリスマ弘文さんが女性にもてないわけがない。来るものは拒まず式の受容的自然体の弘文さんは二度の結婚で五人の子供をもうける。女性たちは、弘文さんに惚《ほ》れて結婚したものの、わがままの風来坊は制御不能。別れるしかない。

僕は弘文さんが如何なる最期を迎えるのだろうかと、結末に関心を持ちながら読み進めたが、最期は五歳の娘が父を道連れにした形で不慮の死を遂げる。

弘文さんの死後、長女は父が亡霊になって夢枕に立つという。弘文さんは現世で多くの悩める魂を救ったかも知れないが、長女の前に出てくる父こそが自らを救えなかった真実の姿だったのではないだろうか。

「あぁ……あぁ（中略）弘文さんは、自ら〝願って〟地獄に堕ちたんだ」（昔の修行僧仲間・田中真海老師）

天才の考え方
藤井聡太とは何者か？
加藤一二三　渡辺明
中央公論新社　2020／6／13

将棋界の二人の天才が天才を語る。まあ自分のことを語ればそのまま天才論になる。天才は天才にしか興味がない。だから天才なのである。天才は常に「何者か？」と問われる。生まれつきの非凡さ、努力のレベルを超え、神に愛された人ということになろうか。

僕の世代で大山康晴、升田幸三、加藤一二三の名を知らない者はないが、将棋が今日のような社会的関心事に拡大したのは、羽生善治の出現が大きい。イチローのように羽生は将棋界のスーパーヒーローである。そんな彼と一度市中の人混みで同行したことがある。彼は身長もあって目立つ存在にもかかわらず誰も彼の存在に気づかない。オーラを殺した自然体だ。自我を滅却させ自己を超えた無の状態に僕は彼の中に真の天才を見た。

さて、本書の対話者加藤一二三は自ら命名の如く「直感精読」の人で、直感を勝負哲学とする。物事を複雑に考えない、常に単純《シンプル》に考え、終わったこともひねくり回さないところはそのまま彼の人生観につながり、大山康晴十五世名人に「大天才」と言わしめた。芸術家肌の棋士である。

一方、渡辺明は対戦を控え、事前研究に徹し、環境や時間、行動予定のチェック、理にかなわないことは避ける。このような性格によって、今の時代の理詰めに従った現代将棋の適性と一体化し、変化の切り替えがうまいところはスタイルを変えない加藤と対照的だ。

羽生の後に台頭してきた藤井聡太はデジタル世代の天才。理論と直感の複合タイプで、まだ未知数だと先輩棋士は言う。しかし、アナログの羽生世代はデジタル世代にはまだ脅威的存在であるらしい。藤井は羽生との対決を「楽しんで指したい」と言ったことに、加藤、渡辺の二人は驚いている。口では簡単だが、修羅場をくぐった加藤、渡辺でさえ、到達し得ない心境らしい。勝負の世界はそんな生やさしいものではないというのが二人の結論。

二枚腰のすすめ
鷲田清一の人生案内
鷲田清一
世界思想社　2020／7／4

メニューの選択から、旅の行き先、マンションの購入、何を決めてもことごとく後悔するという難儀な五十代独身女性に相談相手の著者は「後悔するのがいやなら、選択するのをやめることです」「何でも他人に選択してもらうのです」と、「答える」のではなく「乗る」ことで、「もやもや」を受け止める。

自力に自信がない人は、他力本願でいいのである。人生は常に三差路の岐路に立たされている。どっちへいくべきか迷う時は、他力を利用するというのは僕のコンセプトである。人生なんてどっちだっていいんだ。答えなんかない。成るように成るのが答えだ。

つい本書の相談相手につられて、こっちが回答者にさせられる。自分の答えを本書の鷲田さんのサジェスチョンと照らし合わせて読むと、こんなに面白い本はない。知らず知らずに人間学を学ばされている。

人間は過去の言葉や行いによって現在の境遇だけでなく未来の運命も定めている「業」の支配下にある。著者はこの業と向き合うところまでいかないと答えが出ないという。大方の相談者は悩みの対象と対立している。悩みの根源は相手にあるんじゃなく、自分にあることに気づくまでは、その対立者が自分ではなく、相手だと思いつめているんだから、自分の影と戯れているってわけでしょう。あゝ、シンドー。

著者は哲学者。物事の根源のあり方、原理を理性的に、論理的に組み立てて、相談相手に「なるほど」と思わせる言葉の魔術師なんだから、ご利益がないはずがない。わからなくなっても「わかった」と思えば、悩みも消える。自分の中で主観と客観を対立させているんだから、対立を超越する、とは言わないまでも、そこから離れるしかない。

それでもどん底状態まで追い詰められたら、最後は「二枚腰」の構えです。相撲で腰砕けになりそうでならない隠し球のしぶとさが物を言うのです。

この世とあの世【講演集】
大法輪閣編集部〈編〉
大法輪閣　2020／7／18

知識人の間では、あの世はタブー視されているらしい。にもかかわらず、葬式で弔辞を述べる時は「向こうで会おう」と来世など信じてもいないくせに、平気で方便を使う。頭だけのあの世信奉者だ。ところがその元締の仏教があの世の実在を信じていないのだからどうしようもない。絶対の実在を説かないのが仏教の原則ときている。事情を知らされないのは凡夫のみ。

さて本書は研究者や僧侶11人による「あの世」観だが、大方の論者はあの世が「ある」とも「ない」ともはっきりさせない。われわれ凡夫が一番知りたい問題だが実に歯切れが悪い。論旨の大半は昔から語られている教義だったり、歴史観だったり、名僧や著名人の言葉の引用ばかりで、期待していたような今日的な独自の視点でのあの世論をバシッと語る人はいない。

そんな中で唯一説得力があったのは竹村牧男氏の唯識の阿頼耶識の輪廻転生論だ。仏教では生死輪廻の存在を前提に業《カルマ》の思想がある。この業は来世にまで影響する。今生の行為が次の世のあり方を決定すると唯識は確信を持って語る。

過去の因が現在の果、その現在が因となって未来の果がある。こうして生死輪廻がやまないと説かれるが、僕はこの生と死の流転のリズムに、壮大な宇宙摂理のようなものを直感して、ここにあの世とこの世を接続する法則を感知させられたように思う。

自己の本体と宇宙の本体は本来一体のものであると自覚した時、解脱できるというのは、そのまま芸術の完成と一致する。知性の奥に末那識《まなしき》があり、その奥に阿頼耶識がある。人が見たり、直感したりしたことは阿頼耶識の蔵に移し込まれる。ここに蓄えられた情報によって未来に、どこに生まれるかが決定される。

唯識はわざわざあの世の存在を説かなくても、唯識の刹那刹那はそのまま生死輪廻を説き、芸術も刹那刹那に賭ける。いつの世にか不退転を目指せれば——。

ミッキーマウス　ヒストリー

ウォルトから世界へ

アンドレアス・デジャ　マイケル・ラブリー　宮川未葉訳

静山社　2020／8／1

とんがった顔の先端に卵形の黒いだんご鼻。長い髭《ひげ》はむしり取られ、頭には丸いしゃもじ形の大きい耳が二つ。腕はチューブのように長く伸び、手には生涯一度も脱いだことがないグラブのような大きい手袋。上半身は裸で穴が二つ開いたおむつのような短パン。チャップリンの靴より大きい靴。これがディズニーが創造した神の業ネズミのミッキーマウス。

ネズミをここまでデフォルメしたウォルトはピカソか？　世界中で最も知られ、愛されたミッキーのキャラクターはネズミも人類も超えた超人である。本書はミッキーになる前の暗中模索中のウォルトのスケッチから現代美術のミッキーまでを各章ごとに紹介した展覧会のカタログ版である。

自分がネズミ年だから言うわけではないが、かつてはロスのディズニーランドに泊まったり、年二回は訪れていた。老若男女がアトラクションやイベントに参加しながら幼年期を共有する。落下する滝のボートの中であげる悲鳴は創造の核、インファンティリズムが口から飛び出す瞬間だ。少年の特権、恐怖と冒険と夢と魔法！　大人になれない大人、幼い老人でいる時こそ至福の時間！

ウォルトはチャップリンに憧れて、ミッキーを擬人化すると同時に自己同一化する。ミッキーの変化と多様性は、ウォルトの万華鏡的性格に由来。その表情は百面相だ。またミッキーの身体能力はアクロバティック的で、その運動神経は画面にまるでクロスオーバー・ペインティングを描くように縦横無尽に駆け巡る。そんなミッキーの活動の場を描く背景画がまたメタモルフォーゼされて、まるで生命を持っているよう。モコモコしたウォルト独特の造形言語が天国的物語に変容させて天地創造を演出する。そんな造形を僕は柔らかい形而上絵画と呼びたい。

近年、ミッキーは現代美術に活動の場を拡張している。ディズニーは、ウォーホルやリキテンスタイン、キース・ヘリングにミッキーの作品を依頼。僕にもそのお鉢が回ってきて、鉢巻きをした武蔵に扮したミッキーが巌流島で小次郎と決闘する場面を描いたが、「ミッキーは暴力は嫌いです」と言われて、作品を変更。作品の発表権はディズニーに帰属。作家は所有権のみ。自分の作品でありながら自由にならない。ウォーホルも同じ。ミッキーが描けるなら、要求に従いましょう。こうしてミッキーは益々神秘化され、神格化されて文化遺伝子となる。

本書の掲載作品はサンフランシスコのウォルト・ディズニー・ファミリー博物館で展示された作品が中心で、すでに所蔵している昔の僕の作品も展示されていた。ミッキー・マニア必携本。

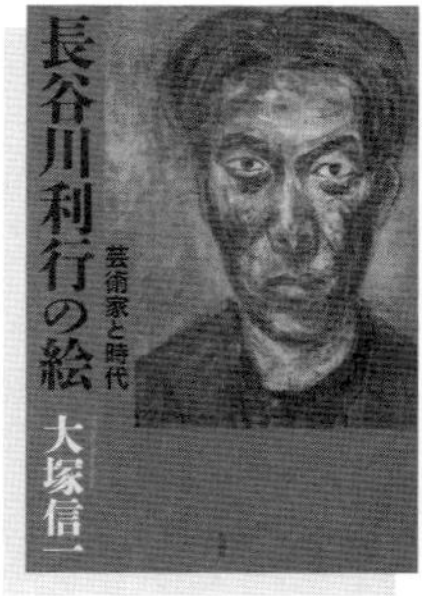

長谷川利行の絵
芸術家と時代
大塚信一
作品社　2020/8/29

芸術家の創造は意識するしないにかかわらず、時代意識を反映させる。そんな時代に背を向けて、個人的な現実を通して社会的現実を超越してしまう画家がいた。私が産まれた昭和11年を前後して日本が戦争に向かっていくあの暗い時代に奇跡的に明るく美しい絵画を描き続けるアンビバレントな芸術家、長谷川利行がその人。

利行は社会の脱落者故に透徹した眼で、すでに自分は死んだ者として眺める透明な精神で、自らの生活環境を描く。彼はアカデミックな絵画教育を受けていないために画体を開花させ、誰もが恐れる天才を発揮した。その絵画的な存在は彼の天衣無縫の詩的精神の表現である。

そんな利行は若い画家の憧憬の的として「神様のような存在」だった。彼の前に対座するだけで救われるという霊的なアウラがあったようだ。同時に傍若無人の振る舞いに二人の利行を演じた。いつもボロ靴、ボロ外套《がいとう》、ボロ洋服、ドロドロの絵具にまみれながら、まるで描くことを放棄しているような作品を描き続けた。「ルンペンと街娼《がいしょう》の住む虐げられたる世界」に安らぎを得たのだろうか。

人生に目的がないように、絵にも目的がない。それ自体が目的であるという考えは私淑するニーチェの影響であろうか。「生きることは絵を描くこと以外の何物でもない」のだった。利行は人生を全部受け入れようとするニーチェの運命愛（アモール・ファティ）が、彼の精神の骨格にあったように思われる。死に瀕した状態であってもありのままの自分の尊さを認める利行の姿を見ることができる。

利行の未完的な作品は描くことに飽きた、ある意味で創造の高みを見てしまって、孤高の領域に向かいつつあったように思えた。飽きた絵を飽きもせず、画家の業が、あの尋常ではない美しさが死を遠ざけ、死を近づけた。そこに高い霊性が宿っていたのだろうか。

七人の侍　ロケ地の謎を探る

高田雅彦

アルファベータブックス　2020／9／19

英国では「七人の侍」が〈史上最高の外国語映画100本〉の第1位に選出されたほか、フェリーニを始め世界の超一流監督が映画史上最高傑作と絶賛。が、キネマ旬報ベストテンでは第3位。日本の評論家の世界の黒澤明へのヤッカミか。本書の目的は「七人の侍」の不可解なロケ地の検証である。

「七人の侍」は寒村を舞台に野武士と侍と百姓との死闘の物語。村の本拠地は東宝撮影所近くの大蔵にオープンセット。さらに村の各所を伊豆長岡、御殿場・箱根、天城等に分散しながら画面上には一つの村落を構成。時代劇を撮るには物語の条件に適した場所が一カ所に集中していないためにあっちこっちをくっつけて、ひとつにした。

黒澤さんから直接聞いた話だが、「村の外れの小川に架かった木橋を百姓がわたるところまでは大蔵のオープンセットで、渡り終えたところは御殿場だったかな」と。カメラを切り返して、二カ所を一直線に結ぶ。誰が見てもこのカメラの魔術には気づかない。うんと離れた二カ所の空間を接続させて同一空間にして観客の目をごまかす。異なった物と接続させて、異化効果を演出するシュルレアリスムのデペイズマンとは逆である。このようなモンタージュ手法は他のシーンにも活用されており、気づいた者はひとりもいない。

山の中腹からは村の全貌を俯瞰《ふかん》するシーンであるが、大蔵のセットそっくりの村をもうひとつ作ってしまう。だったら、最初からこの村で撮影をすればと思うが、そこは黒澤さんの拘りを超えたリアリズム魂が揺るがない。

ラストのすさまじい雨のシーンは大蔵のオープンセットで撮影。水車小屋のあの物凄い火事のシーンは映画を超えた現実だ。熱風でやけどを負った土屋嘉男さんは後に、「殺されると思った」と僕に語った。助監督の堀川弘通さんは「死人が出てもいいんですか」と黒澤さんに迫った。

鳥獣戯画の国
たのしい日本美術
金子信久
講談社　2020／10／3

本書に収録されている動物画は、もうひとつの奇想画かもしれないけれど若冲や蕭白のように見得を切って大向うを唸《うな》らすような芸術的力量はあまり感じられない。むしろ、肩の力が抜けてへなっと、腰の崩れたような感覚に人間味を感じる。小気味の良さが緊張を解いて、のんびりとした気分にさせてくれる。

本書は「鳥獣戯画」を本源とする、レジェンド達の鬼っ子を勢揃いさせた動物画の全員集合である。「鳥獣戯画」はアニメの元祖みたいに言われているようだが、その精神は全く違う。「鳥獣戯画」の主役のカエルは、六百年の時を経て若冲と蕭白によって、白昼堂々とパクられた。日本美術は元々パクりの伝統と歴史があるのでここでは論外。カエルは相撲を取るウサギやサルとも等身大で、常に主役を張っている。「なぜ?・」はここでは考えないことにしよう。

サルの僧侶がカエルの御本尊(仏像)にお経をあげている場面は笑っちゃう。このおかしさは、その後の時代の動物画に影響を与えている。本書に登場する動物は人間や社会を風刺したり揶揄《やゆ》しているなんて考えない方がいい。

だが、明治時代の河鍋暁斎《きょうさい》の登場に至って、不必要と思っていた「なぜ」が突如、社会の表舞台に立って、社会的発言を始めた。こうした風潮は西洋的知識人の発想である。それはそれで面白いが、やはり絵の魅力はフォルムの表現描写にある。「鳥獣戯画」に意味づけして、そこに風刺を宿らせて頭で考えると、とたんに絵の魅力から離れてしまう。

最後に著者は「鳥獣戯画」につきまとう「擬人化」という言葉にアレルギーを感じておられる。擬人化という言葉を使って、「鳥獣戯画」の「魅力の核心を解明したかのように」語られるからだ。擬人化なんてこねくり回して考える必要ない。人は人、動物は動物、それでいいじゃないか。

地下世界をめぐる冒険
闇に隠された人類史
ウィル・ハント　棚橋志行訳
亜紀書房　2020／10／17

洞窟や地下世界に惹かれるのは怪しい世界だからだ。見えないものは怪しいのである。地下世界は地獄を指し、「隠す」「見えない」という意味では冥界や死者の国であり、子宮でもあった。著者はそんな地下世界に取りつかれた現実逃避型人間である。洞窟、地下納骨堂、下水道、そんな方向のない世界で自分と向き合う。

フランスの小村である男が自殺目的で農場のトンネルに入って行って、中で行方不明になったが34日後、奇跡的に助けられた。

幽霊のように青白い骸骨さながらで生きていた。方向なき暗闇の世界に閉じ込められた男は肉体から離脱したような瞑想的神秘体験によって、帰還後、生きる意欲を得た。

ニューヨークの地下鉄の壁にグラフィティアートを描くＲＥＶＳは誰にも読まれない自伝を地下鉄の壁に独特のレタリングで書き続けてきた。ＲＥＶＳは如何なる人間か誰も知らない。彼を捜し始めて10年後に著者は彼に会うことに成功。書く目的を訊くと、「使命があった」と一言。しかしこの時点で彼の作品は何者かの手によって煉瓦《れんが》で封印されていた。彼は自作を否定したのか？　謎が残る。

著者の探検した地下世界は、まだ地上のほんの薄い皮膚の一部で、ジュール・ベルヌの地下世界にはほど遠く、肉体的範疇から出ていない。地球空洞世界も言及されているが、おとぎ話としてそれ以上踏み込まない。地球物理学が地球の真実を解明し尽くしてはいないはずだ。われわれの人体の内部に宇宙を内包しているように、地球の内部に空洞宇宙が存在していても決して不思議ではない。

地球空洞を目前にして、いいところまできていながら、一歩が踏み出せず、再び地表の地下に戻ってしまうのは彼の唯物主義的な理性が、地球空洞をファンタジーとして彼の内部に封印してしまったのかな？　せめて物質世界の限界を超越してもらいたかったけど。

モーツァルト
よみがえる天才3

岡田暁生

ちくまプリマー新書　2020/10/31

数年前、突発性難聴になって生活必需品だった音楽が生活から完全に消滅してベートーヴェン状態（笑）になってしまった。

難聴に苦しんでいたある日、夢にモーツァルトが現れて一冊の本を僕に手渡した。彼の伝記だった。それから間もなくして、中国での歌劇「魔笛」の舞台美術の仕事が舞い込んで来た。夢を思い出して、モーツァルトの伝記を数冊読んだ。

本書も伝記であると同時に天才論である。僕の難聴がモーツァルトと出会う切っ掛けを作ったような錯覚を抱きながら難聴で聴くモーツァルトの音楽は、朦朧《もうろう》として五感を超え、まるで幻聴のように反復しながら聞こえてくるのだった。それを第六感的音楽と呼ぶことにした。

もともと、モーツァルトの音楽は五感を超えた阿頼耶識の底から発信してくる霊的な音楽のように感じていた。だから聴く者の霊性によってモーツァルトの音楽は多様化するのではないだろうか。

モーツァルトは絵に描いたような天才の資質を具現する。本書でカントは天才と芸術家は同義、「無から規則を作る」人という。創造者は神の代弁者でもある。

モーツァルトは無意識界からだけではなく、異次元からの情報も本能的にキャッチして、不必要な知識や常識は無意識にブロックしてしまう。あとは魂の音をコピーして感じるままに音楽を遊ぶように作っているのではないだろうか。余計な人間的努力など必要とせず、すでにそこ（宇宙）にあるものを写し取っているように思う。彼は運命の意志に身をゆだねることで、成るように成った。それがモーツァルトなのではないのか。

歌劇「魔笛」に登場するパパゲーノの特徴として、著者は「物まね性」「反復性」「遊戯性」を挙げているが、こうした幼児性《インファンティリズム》こそが芸術の核であり、天才の条件なのではないだろうか。

日本の観光
昭和初期観光パンフレットに見る

谷沢明

八坂書房　2020／11／21

こういう本は一体誰が読む（見る）のだろう？　昭和初期の観光パンフレットに掲載されている立体絵地図がそれ。子供の頃、お寺に行くと見かけた掛軸や絵馬に、天の一角から俯瞰で一望したように地獄極楽図が描かれていたのをふと連想してしまった。

現在はドローンによって大自然や都市や廃虚などを上空から俯瞰しながらバーチャルに眺望することができる。またテレビ番組の「ポツンと一軒家」は人工衛星からの情報で発見した地上の建造物であるが、かつての立体絵地図はそんな情景を画家の想像で描いたものである。

広重の描く風景画にはできるだけ遠くを見たいという願望から、鳥の目線で描いた鳥瞰図があるが、立体絵地図の原点と言えるかも知れない。広重以前に描かれた俯瞰図、洛中洛外図も存在しているが、近年では日本画家の不染鉄が海から俯瞰した漁港の聚落《しゅうらく》を描いた傑作群が、絵地図を見事に芸術作品として昇華させている。

交通機関の発達していない時代の人たちにとっては、海や山の彼方は未知である。見えない場所へのあこがれが立体絵地図を発明したのかも知れない。初めて飛行機に乗った時、海岸線が地図とそっくりの形をしているのに感動した記憶があるが、そんな上空から見下ろす地上の風景を立体絵地図は代弁していた。

本書では観光名所を飛行機から見下ろしているような錯覚に思わず腰が浮き上がってしまうが、地上にいながら同時に空にいるというバイロケーション感覚を体感させられる。中でも富士山と大雪山層雲峡の絵地図はスペクタクルである。

昭和の初めのまだ旅客機のない時代の日本人にとっては、このバーチャル体験は、まるで飛翔夢を見るような一種の超常感覚に襲われたのではないだろうかと、21世紀のわれわれは懐かしい過去のアナログ体験を思わず羨望するのである。

美術の森の番人たち

酒井忠康

求龍堂　2020／12／5

恰好いいタイトルだ。

「あっちにも行けた、こっちにも行けた」。ビリヤードの球がはじけながら納まるところにはストーンと納まったのが「美術の森の番人」だった。

著者が求めてなった「番人」というより、宿命によって定められた先天的な奇遇にさえ感じる。そこが何か違うぞ、と読者を惹き付ける。

著者の師である神奈川県立近代美術館の土方定一門下の学芸員、美術批評家、美術ジャーナリスト、すでに鬼籍のひとになった35人への「胸のなかに大切に仕舞ってある話」が並ぶ。ロングショットから望遠レンズに、そして徐々にピントのあったクローズアップへと写し撮られていく著者の鮮やかな視線は、単なる墓標を越えて、彼らのありのままの姿を実在化させていく。

35人の内、10人ばかりと面識があったが、著者のような濃密な間柄だったのは2、3人。彼らの人物像まで幻影のような肉体として浮上し、不思議な快感に取りつかれる。特に悪友として親密度が高かった美術評論家東野芳明はホログラムのように立体化する。

彼は現代美術を現代美術の枠からはずして、似て非なるデザインまでも視野に入れた。「美術という形式を破壊・無視しようとした」一連の作家を「反芸術」とも称した。そんな東野の面目躍如たる批評精神を著者は高く評価する。

著者の近代日本美術の様々な論考に触れるまで、小生は現代美術と近代日本美術を切り離して考えていたという事実を先ず告白しておくが、本書に登場する「番人」達と著者の交流そのものが、すでに近代日本美術を現代美術と分け難く結びつけている歴史的事実にハタと気づかされるのである。現在の若い現代美術家には小生のようなぼんくらはいないと思うが、本書を手に取ることで、より現代美術の地層が過去の歴史と接続する瞬間に遭遇するに違いない。

もののけの日本史
死霊、幽霊、妖怪の１０００年
小山聡子
中公新書　２０２１／１／16

正岡子規は子供に「妖怪変化」のような荒唐無稽な話はしてはならないと言う。妖怪など存在しないと知っても様々なことを恐れるからだと。理屈よりも感情が勝ることを危惧する。妖怪学者・井上円了《えんりょう》まで同じようなことを言う。不可思議なものや感情を否定して理屈を肯定しろとは反芸術的行為そのもので決して認めるべきではない。このような考え方は現代にも通じる。

モノノケと一言で言っても古代の貴族が恐れたモノノケと現代の物怪《もののけ》とは別物だという。霊、妖怪、幽霊、怨霊、化け物は全てモノノケとは言わず、区別する必要がある。

さらに幽霊という言葉は世阿弥の新語であると誤解されてきたが、中世以前の願文などにも登場するという。幽霊は死霊や故人を指すが、モノノケや怨霊は人間と関わろうとはしない。だけど近世になると、怪談の流行によって幽霊が一般化し、文学作品に多く出てくるようになる。幽霊でないモノノケや怨霊、亡魂の類も幽霊と混同されていった。あら、ややこしい。死者の霊は全て今日的に考えると幽霊でいいじゃないかと思うが、そこは厳格でなければならないようだ。

藤原道長の病気の原因はモノノケにとりつかれたせいらしい。死霊を追い出すためには、加持・祈祷による調伏をするしかない。病がモノノケの仕業だとすると今日のコロナはどう考えればいいのだろう。私の幼年時代、戦前だけれど、祈祷によって病と対峙する慣習が残っていた。それで快癒した人もいたので、別に不思議とも思わなかった。

死者や死霊と生者の関わりはごく自然の風習だったので、本書で芭蕉が成仏しない男女の霊と話をし、俳句を詠んで諭す実話的描写には一種郷愁さえ覚える。

本書は軽い読み物というより、結構学術的で、モノノケ学に興味のある人を対象としている。残念乍《なが》ら私はその表層を流したに過ぎない。

猫がこなくなった

保坂和志

文藝春秋　2021／2／20

もう5年以上も前から、わが家に顔を出す黒猫がいる。餌を食べるとプイと消える。野良にしては太っている。わが家以外にも行くところがあるという地域猫だろうか。同じ経験をするこの小説に登場する高平君は、自分こそ「実質上の飼い主」だと思っている。

その彼のところにくる「レディ」が突然来なくなったと本書の著者である小説家を訪ねる。そこで延々猫談義が始まる。「レディ」の失踪で気が気でない高平君の耳に小説家の話がきちんと入っているのだろうかと疑うのは読者だ。

もう猫の蘊蓄《うんちく》はその辺にして、高平君の問題に早く入ろうと読者はあせる。「本題はここから」という箇所はすでに物語が半分過ぎる頃で、読者の気分は心持ちサスペンス気味。

早いとこ結末を急ごう。「レディ」は案の定、複数の見知らぬ人たちに可愛がられているという事実に高平君は「ガーンッ!」。見せ場は最後の一行。高平君の「言葉にならない」問題を前にして、小説家は「いや、何も問題はない」と実にクールに結末を締める。この書評の読者は何のこっちゃ?といぶかるだろうけど、読めばわかる。

この短篇には、入り口と出口はあるが、中の空洞箇所は、画家の筆が織りなすマチエルを想像して、小説家の言葉の迷路と戯れて欲しい。何が言いたいかというと、キャンバスに塗られた絵具のこね具合とか、色の重なり具合とかを頭を空っぽにして、妙な意味など求めたり、思想など持ち込まないで、小説のプロセスを絵を見る目になって、だらだらと小説時間を流れてもらいたい。

表題以外のどの短篇も、カフカが「子供っぽい様子」を求めたように、子供も読める。この小説家にも、高平君じゃないけど、見つからないカフカの記憶の断片がある。それは高平君の「レディ」より見つかり難いかも知れない。なぜなら保坂和志自身の問題だからだ。

妖怪少年の日々
アラマタ自伝
荒俣宏
KADOKAWA　2021／4／3

果報は寝て待てというが、ここにいる果報者は寝る時間さえ惜しむ勉学と行動の人。寝てるだけでは幸福はやってきません。直観と行動がひとつになって、信じられない霊力によって運命を思い通りに切り拓いていきます。この人こそ師と信じると即ファンレター攻勢でフィクションを現実化させてしまいます。

荒俣宏の荒はただならぬ気配を表し、髑髏《どくろ》を表す。名からしてホラー、生まれながらのお化け係累。小学生時代のあだなは「天邪鬼《あまのじゃく》」。父母どちらの家系も鬼の子供だったと気づく。

中三で最初の導き手は怪奇幻想文学の師匠平井呈一。子供のお化け好きのレベルを超えた少年化け物学者は、すでにこの世とあの世を往来する幽冥界の徒である。どうです、驚いたでしょう。

コブナ少年を自負していたボクがたまげたのは、このセンセと熱帯魚館に行った時、発音不可能な魚の名だけでなく、料理法から味付けの仕方まで片端から言い当てる。森羅万象博覧強記、この世もあの世も清濁併せ呑む。「必要な時期」に「必要な人」紀田順一郎先生を知ったことも大きい。

天邪鬼は現実にあまり関心を持たない。手の届かない別世界にリアリティーを持つ。こういう人には偶然の力と、天から救いに来てくれる神の「天佑《てんゆう》」がつく。古い物事を捜査することは神がかりの技である。小説『帝都物語』は映画と共に大ヒット。

彼にはひとつの主義がある。それはどこに行っても、ひたすら驚くことだと言う。ということは「驚きを知によってアースさせないこと」だ。あれはあれ、それはそれ、そこに芸術が発生するのである。芸術は答えも目的も持たない。

ここまで来た荒俣さんは、「幽界と娑婆とは同じ紙の裏と表」と突き止めた平田篤胤《あつたね》の実感と同じ感覚に今なっている。そして知から霊の領域への本格的な挑戦が始まった。

熊楠と幽霊

志村真幸

インターナショナル新書　2021/4/10

博物学、民俗学の知の巨人が心霊現象体験者だったと聞いても別に驚きはしない。夢で幽霊の父親に会ったり、様々な神秘体験をしたからとて疑う余地などない。人間はもともと肉体的、精神的存在であると同時に霊的存在なので、その一部が露出しただけのことで、驚く方が近代主義に毒されている。

さらに熊楠が幽体離脱したからといって騒ぐこともない。彼の魂と身体が細い紐《ひも》のようなものでつながっているということを、水木しげるはろくろ首で表現するが、意識の遊離を視覚的に描いたらこうなる。

このような体験によって死後生存を予感していたために、熊楠が大乗仏教の深層心理である唯識論の阿頼耶識に興味を持って、無意識に輪廻を断ち切った不退転者を希求していたと仮定しても不思議ではない。

この世は人間しかいない世界で、神も仏も天使も魑魅魍魎《ちみもうりょう》も存在しない実有《じつう》の世界である。あの世とは森羅万象の全てが存在する世界。万物は空であるのに、人間の迷いがこれを実在と考えている。言葉も態度も表現技術なくして存在できるのが死後の世界である。

従って熊楠の亡き父が専門家でもないのに珍しい植物の存在を知っていて、夢のお告げによって熊楠に情報を与えたとしても十分納得できる。父のいる実相界では全てが存在して全てが見える世界なので、熊楠の無意識を通路にすれば、精神感応によって父の意思はいとも容易に伝達される。あの世には夢はない。しかし、人は夢の世界で全ての存在を見ることができる。だから人の生は夢なのである。また向こうの世界は相対的世界であることを忘れてはならない。

本書では深く掘り下げられないが、熊楠は潜在的に阿頼耶識の存在をうすうす感知しており、自らの魂の存在を解明するための手段として幽体離脱や夢、超能力などの神秘体験に糸口を見いだそうとしたような気がする。

乱歩とモダン東京
通俗長編の戦略と方法
藤井淑禎
筑摩選書　2021／4／24

乱歩はある時「ヒョイと書く気」になって書いた通俗長編に人気が殺到したことで作家仲間やインテリ読者から顰蹙《ひんしゅく》を買うことになった。評判と評価の板挟みに苦しんだ乱歩。作品が行きづまったり、変化を求めたいなら環境を変えればいいというのが私の持論だが、名探偵明智小五郎は面白いほど次々と転居する。関東大震災後のモダンな時代の潮流と明智の社会的地位に従って、明智は間借りから高級アパートやモダンな一戸建てへと移っていく。例えば通俗長編の一作目『蜘蛛《くも》男』事件の後、ホテル住まいからアパートへ移るが、早々に一戸建てに転居。ここで「美しい人」と新婚家庭を持つ。その後『青銅の魔人』、『虎の牙』を経て『兇《きょう》器《き》』では明智夫人は療養所へ。煙草屋の二階↓開化アパートへと明智の住まいの変遷史は、世の中の動向に従って大衆読者の関心を引き付けていく。

ここから先は「開化アパート」から「文化アパート」への連想が自然に行われ、大都市の社会学というか地理学が延々と論じられ、しばらくは乱歩の小説から離れていく。気になるのは『蜘蛛男』で、東京の地理にうとい田舎出身者の私はこの物語の中心となる昭和通りと大正通りはチンプンカンプンであるが、小説で現在進行形の二大幹線道路をさりげなく登場させる乱歩のモダン感覚は時代を先行している。

ところで気になる明智夫人は？　二人の出会いは？　賊の娘だという美人に、明智が「恋し始めていた」ところから始まる。二人は『魔術師』で出会うが、結婚して、彼女が明智夫人と呼ばれるいきさつはどこにも描かれていない。やがて実は彼女は賊の娘ではないことが判明して、読者はホッとする。

本書の目線からそれてしまうが、隠しテーマは昭和モダン期の都市と明智の近代家族の終焉の物語ってとこかな。

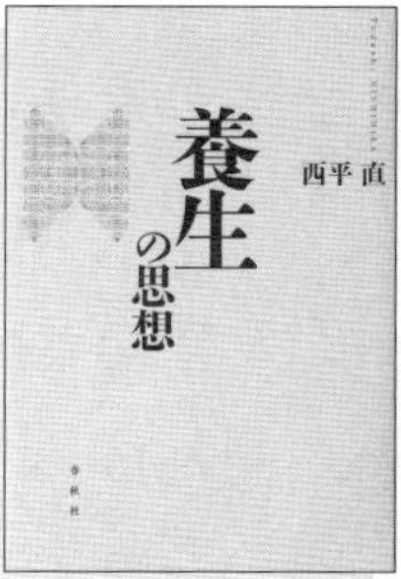

養生の思想
西平直
春秋社　2021／5／15

私、旅の伴侶には、いつも貝原益軒『養生訓』なんです。そんな愛読書の益軒さんを原点とした養生思想の多様性に触れながら、養生は単なる思想ではないと本書は語ります。

養生は欲を抑えるけれど、禁欲ではない。節欲を説きながら楽を説く。益軒さんも「内欲」を慎むが、欲は否定していません。むしろ欲を肯定して、欲と楽を結びつける。「正しい道」と「健康」と「長生き」の三つの楽によって人生を楽しまないのは「天地の理にそむく」とおっしゃる。

古代中国に始まる養生は「気のコスモロジー」を背景に持ち、「稽古」「修養」「修行」と並ぶ「自己形成の諸実践」の一形態という。そこに、もひとつ「楽」が加われば芸術の形態でもありますが、決して「極める」修行ではないと。この入り組み具合はまるでマルセル・デュシャンです。デュシャン自身も興味を持つ老荘思想『荘子《そうじ》』は養生思想の古典で、仕事・食事・欲などすべてにおいて「少なく」を意識して精力を蓄え、過度の身体実践などせず、自然にしていれば長生きするという。

「何物にも抵抗せず」「流れのまま」運命に従えばなるようになると諭しているようにも聞こえます。喜怒哀楽は芸術表現の核のように思われているけれど、荘子はこのような感情には流されない。荘子の養生ではないが、芸術も感情表現が自我中心に結びつくと、逆に芸術の普遍性から遠のく。

今、注目されているのは帯津良一先生の「ホリスティック医学」だそうだ。西洋医学の代替医療、つまり自然治癒力で、生命をあらゆる面から全体的に捉える考え方で、死後の世界まで対象として医学を考えようとする。

芸術も、何を描くか、如何に描くか、ではなくどう生きるかであると考える私は、そこに医学と芸術が共有する思想があるように思えるのですが。

千五郎の勝手に狂言解体新書

茂山千五郎

春陽堂書店　2021／6／5

茂山狂言の美術と装束をお手伝いして、パリに同行した折り、四歳くらいの童《わらべ》が幕が上がるなり突然大声でケタケタ笑うものじゃにて、その童の笑い声につられて芝居小屋がどっと笑いの渦じゃ。狂言の言葉のおかしさなれど、この童は妙な仕種と発声、見慣れぬ衣装にて笑いが止まらず往生じゃいやい。

身共初めて狂言を見る折り、「これはこの辺りに住まいいたす者でござる」と自己紹介にはたまげた。何の用？　知らぬわい。演者同士の息が合っているのか、いないのか、筋道が立たず。意義見いだせず。かと思うや突然ピョンと跳びはねて気をそらす。

ここに「口真似」と申す、これぞ狂言という曲がござる。ひとつ紹介存じよう。ある日、主人が酒盛りの相手を連れてこいと太郎冠者に伝える。客人に粗相があってはならぬと、主人は自分の言った通りのことだけをするのだぞと、太郎冠者に命ずる。連れてきたのは有名な酒乱の客人。

主人「やいやい太郎冠者、お盃《さかずき》を持て」と言うと、太郎冠者は客人に向かって、「やいやい太郎冠者、お盃を持て」と客人に言ってしまう。驚いた主人は太郎冠者に、「やい！お盃を持てとは汝のことじゃ」と叱ると、太郎冠者は客人に向かい、「やい！お盃を持てとは汝のことじゃ」。バカ正直な太郎冠者は、このあとも主人の口真似がエスカレート。怒り心頭の主人は太郎冠者を投げ飛ばす。それを真似た太郎冠者も客人を投げ飛ばす。されど客人「これは迷惑」と言って終演。わからん。

こんな話が十九曲。著者千五郎さんは一曲一曲丁寧に実にニュートラルに、淡々と狂言を「解体」なさる。まずあらすじから始まって、次に解体作業。ようさやちょうさ、ちょうさやようさ、えいともえいとも、えいともなとかけ声を掛けながら囃《はや》しだす。「もそっと他の話をせい」。やい、ここから先は勝手に狂言解体を汝のままに！

ツボちゃんの話
夫・坪内祐三
佐久間文子
新潮社　2021／6／19

書評のことなど忘れて夢中で活字を追った。これは書評できない。だから思いついたことを書く。

もし今、誰かに会いたいと思うなら坪内祐三さんかな。「ツボちゃん」こと坪内さんの存在は全く知らなかった。ツボちゃんが知的事変を巻き起こす風雲児だったことを知らなかった僕は、ツボちゃんのテリトリイの外側の人間であったというわけか。喧嘩早くて、そのくせみんなから愛される人気者のツボちゃんを知らなかった自分の生息場所は一体どこ?だったのだろう。きっと下戸の僕はそういう場所と無縁だったことと雑誌を読まない人間でもあったからかな?

ツボちゃんは夫人の「文ちゃん」とも喧嘩をするが、「別れる」「離婚だ」と言っても邪恋《じゃれん》で結ばれた二人は意地があるので本気を戯れに変える技術を知っていて、離れない。先の阿《あ》呆《ほう》共との喧嘩とは筋が違う。

そんなツボちゃんの位相がある日、ズレ始める。「危ない！」予感を察知しながらツボちゃんは宿命に身をゆだねる。ツボちゃんには普段からこういう癖《へき》がある。危機にゆだねる浪漫主義者みたいなヘンなところ。ヤクザにからむ、からまれる、そのまま落ちることへの自己陶酔！

文ちゃんが気づいたときにはツボちゃんは死の妄想の中。突然、文ちゃんの時間がゆがむ。空間が割れる。思考が止まる。魔界のような領域に魂ともども落下していく。ぜひツボちゃんに会ってみたいと思っていた僕の夢は、この瞬間、ツボちゃんが文ちゃんに残した一言「彼の描いた週刊読売の表紙は好きだったなあ」を最後のメッセージとして透明の世界へ去っちゃいましたね。

ツボちゃんと文ちゃんの出会いと別れが、今一本の紐の端と端で結ばれてメビウスの輪のように大きい輪っかになった。「ツボちゃんの話」はこれで終わったのではなく、今、文ちゃんの想いがツボちゃんの中に転生し始めている。

サイコマジック

アレハンドロ・ホドロフスキー　花方寿行訳

国書刊行会　2021/8/14

書評は一冊の本を剽窃する行為にも似て、創造から遠い。どんな膨大な書物も簡単に要約して気の利いたコメントを加えるが、これは絵を描くようなクリエイティブな行為ではない。クリエイティビティのカット&ペーストだ。書評は絵画における模写というコピーで、パスティーシュ（模倣や意図的に混成したもの）は創造とは言わない。

そこで本書から受ける霊感によってホドロフスキー体験を語りながら、彼とのコラボを試みよう。

『サイコマジック』は僕にとってはさほど珍しくもない。芸術の原郷は本来サイコマジックだからだ。彼の世界初公開「エル・トポ」は、ニューヨークでピカソの息子のクロードの薦めでミニシアターに駆け込んだ。館内は阿鼻叫喚《あびきょうかん》。失神する観客、救急車出動、現実が虚構に反転、「何じゃ、これは⁉︎」と急いで帰国。「エル・トポ、エル・トポ」とメディアで叫ぶが反応はゼロ。その翌年、日本で見た寺山修司が遅ればせながら絶賛。それが炎上。視覚人間より言語人間を信用する日本人がシャクにさわったね。そんな感情を当のホドロフスキーにぶちまける。

彼は「あなたはあれを魂で見た。だからそれを恐れた人間は自らをブロックした。君の友人は脳で悟った。だから反応した。だけど創造は脳の作用ではない。芸術は魂から魂へ交流すべきで、言葉ではない。あれはあの時私が唯一できること全てだった」。つまり魂の奥底から奥底へ、三島由紀夫のいう交霊術的交流である。

僕は「ホーリー・マウンテン」「ホドロフスキーのDUNE」「リアリティのダンス」と片端から見た。「それに対してなんと答えていいか分からない」と彼。芸術家は自分のやっていることがわからない。だから芸術なんだ。彼は「腎臓や肝臓と同じように作品は体の一部だ」と。そう、肉体を脳化して初めて魔術的な芸術体験が可能である。「あなたはアーティストだから私の境地を感性に翻訳してくれる」。「DUNE」の中にはダリ、ミック・ジャガー、ウォーホル、ギーガーが出てくるが、この人たちは全員僕と関わった人達で、唯一ホドロフスキーだけがまだ……。「あなたの前にいるのは正真正銘のホドロフスキーです（笑）」彼の映画は日本文化の伝統のカタを見ているようだ。「その通りです。沢山の影響を受けました」。殴るフリで相手を倒す。「ハイ、歌舞伎のパントマイムです。力を使わずに倒す気功もサイコマジックです（笑）。日本文化に触れて私は西洋の野蛮人だと思いました」。その野蛮人がニューヨークの客を手も触れずに失神させたってわけだ。

マン・レイと女性たち

巖谷國士〈監修・著〉

平凡社　2021／8／28

僕がマン・レイに興味を持ったのは彼を有名にした写真ではなく、彼の絵画作品だった。空に浮かぶ巨大な唇、路地の荷車、サド侯爵の肖像、海岸のビリヤード、他にも何点も描かれている女性の肖像画など、不統一な様式と不可解で謎めいた主題。

ところが、マン・レイの絵画は何故か評価が低い。主題や様式の統一性から解放されている故にダダやシュルレアリスムの精神を宿している。マン・レイの、空を圧倒する巨大で真っ赤な唇を見た人は忘れられないはずだ。「天文台の時刻に——恋人たち」と題するこの絵画は20世紀の美術史の中で燦然《さんぜん》と輝く傑作である。にもかかわらずマン・レイの絵画を認めようとしなかった評者の罪は大きいと思う。世界的評価を得たマン・レイの写真を認めることで、彼の絵画の評価を不当にすり替えているように思うが、その背景にジェラシーが存在しているように思えてならない。

彼は自分の本領は画家であると常に主張し続けてきた。彼の絵画の魅力は時代の潮流と無関係であるが、彼はそうした風説を批判するかのように「上天気」と題する作品では、あらゆる様式を導入していると皮肉を交えた発言をしている。

ひとつの主題と様式にとらわれない彼の解放感は、彼の前に現れる、タイプの異なる魅惑的な女性との恋愛体験にも似ており、彼女たちをモデルにした数多いドローイングや油彩画は、どこかはかない美しさを残した青春の象徴である。特にドローイングの線描は白い空間の中で、不思議な透明感を呼吸している。

また、マン・レイのオブジェ作品も女性との性愛を暗示するようで、従来の彫刻の概念で語れない物語性に、無意識的に彼の絵画を連想してしまうのだが、当のマン・レイはこのことに気づいているのだろうか。本書の図像と合わせてマン・レイの伝記的な側面を文章でぜひ味わっていただきたい。

幻の名作『富士三壷図屏風』のすべて
光琳、富士を描く！
小林忠
小学館　2021／9／18

この本の絶対的魅力を最初に言っちゃおう。冒頭いきなり「富士《ふじ》三壷《さんこ》図《ず》屏風《びょうぶ》」こそ「日本美術史上の名作」と、真贋《しんがん》の臆測や疑念をはねのけて「真筆」だと宣言してしまう。江戸の絵画研究の第一人者、コバチュウ先生こと小林忠先生の驚異の科学的推理と心眼的論証によって、まるで光琳の魂が乗り移ったかのように、美術史の皮膚を一枚一枚剥がしながら、ズバズバと核心に触れていく。そのミステリー感覚の爽快さは、本書の趣旨である真贋の解明を超えて面白い（勉強になる）。

日本美術の伝統に「模写」がある。尾形光琳を語る上で避けられないのは彼の模写の創造性である。光琳の「風神雷神」は宗達の「風神雷神」のパクリであることは有名だ。先人の作品を模写するという継承スタイルをまず念頭に置いていただきたい。模写によって先人に近づき、超えていく継承の論理が実は、この「富士三壺図屛風」の謎を解くキーになるのである。

コバチュウ先生はややこしいことを言う前に、ずばり、のっけからこの作品について「まずは絶景！〝光琳の富士〟をご堪能あれ！」と、幻もへったくれもなく、既に決着がついたかのように「本物」だと決めつけてしまう。この自信こそ信頼できるのである。

まずは「富士三壺図屛風」に描かれた富士がそもそも問題なのである。光琳以前に、宗達でもいい、誰か先人がこの屛風の富士を連想する作品を描いていれば謎が謎を呼ぶこともない。富士のモデルが光琳以前に見当たらないことが、この屛風の真贋をややこしくしているのである。

だからミステリーが生まれて「富士三壺図屛風」が神秘の存在になっている。先人の作品からの継承があればすんなり解明できるところが、どうもここに描かれた富士には前例がなく、オリジナルだけに真贋の問題が発生したわけだが、光琳以外に誰がこんな富士を描こうか！

歌舞伎役者・市川雷蔵
のらりくらりと生きて
大島幸久
中央公論新社　2021／10／16

「白黒ハッキリせんと生きていけないよ」と若くして大成功した大先輩が僕の優柔不断さを叱った。

「なまこの雷さまとは　わてのこっちゃ」とのらりくらりの優柔不断を自認する雷蔵は養子。そんな境遇と似ている僕。歌舞伎から映画へ転向した雷蔵。デザインから美術へ転向した僕。似たもの同士にはなぜか惹かれる。

では、なぜ雷蔵は歌舞伎俳優に？　中学退学の後、目的もなく養父・九団次の芝居を見ていて、なんとなく、理由もなく歌舞伎の舞台へ。さらに、運命が囁《ささや》いて今度はなんとなく映画界へ。そのあたりのゴチャゴチャした話は歌舞伎ファンにお任せして、僕の興味の対象は優柔不断でのらりくらりの雷蔵の生き方だ。

彼の人格を形成するのらりくらりは本当なのか、演技なのか。「どっちがほんとなんや」「ほな、喋らしてもらおか、エヘン」。人を食ったような言い回しは、これこそ彼の生来の自然体である。

「半分アホみたいな感じ」の、とらえどころのない性格である。とにかくクニャクニャしている。「あんた、どうする」なんてパパッと言わない子だった。「なるようになる」に任せる他力的な受け身タイプの雷蔵である。

村松友視は『雷蔵好み』の中で、日和見的、のらりくらり、もう一人の自分は虚構ではなく、雷蔵の本質であると書いた。著者は、のらりくらりな振る舞いは敵を作らないための「自己演出」だったのではないか、と問うが、そんな器用な生き方ができないのが雷蔵ではないのか。

雷蔵は自らの出生に絡む数奇な経路を振り返るとき、大きな運命の糸に人生を操られてきたように思う、と述懐する。雷蔵が死について語ろうとしないのは死の予感を恐れているからで、僕は雷蔵ののらりくらりの背後に死への観念を見てしまう。あの円月殺法にその秘密が隠されているように思えてならない。

アルフレッド・ウォリス
海を描きつづけた船乗り画家

塩田純一

みすず書房　２０２１／10／30

アルフレッド・ウォリスという画家の名を初めて知った。本書の著者によってすでに日本に紹介され、個展も開催されている。もっと色々な彼の絵を見たくなって早速カタログを入手した。ウォリスの本職は英国の港町に住む船乗りで、70歳で初めて絵筆を取った素人画家である。

彼を発見した画家ベン・ニコルソンと友人の画家クリストファー・ウッドは当時まだ有名になる前で、絵のスタイルも決まらない暗中模索の時期だった。彼等はウォリスの絵の反アカデミズムに電撃的ショックを受けて以来、ウォリス狂になってしまう。その辺の本書の描写は実にエキサイティングで面白い。著者も彼等と同様、ウォリスに導かれるように彼のコーンウォールの墓まで訪ね、この素人画家を追跡し、作品を解体していく。

僕もニコルソンと同様、初めてウォリスに接すると同時に彼に親和性を寄せることになった。というのもウォリスと同様、僕も正規の絵画教育を一切受けないまま独学の画家としてスタートしていたので、受け入れ難いアカデミズムよりむしろアウトサイダー・アートに親近感がある。ウォリスを発見したニコルソンらはバリバリのアカデミズムの前衛芸術信奉者にもかかわらず、彼等の中にはアカデミズムに対する反撥《はんぱつ》と同時にアウトサイダー・アートの純粋無垢への強い憧憬があったはずだ。

ウォリスにはアカデミズムを信奉する職業画家のような野心や野望はない。そのような欲望は、知らず知らずの内に霊性と対立する知性至上主義、唯物主義的な競争社会に組み込まれてしまう。そういう美術家をニコルソンらも志向していたのではないだろうか？

ウォリスの世界観は社会的現実とは無縁の魂の戯れの世界で、彼なりに生を充足していたはずだ。僕には、彼は一般的な観念や言葉で語り得ない、愚直な向こう側の住人のように思えてならないのだ。

BOWIE'S BOOKS　デヴィッド・ボウイの人生を変えた１００冊

ジョン・オコーネル　菅野楽章訳

亜紀書房　2021／11／13

デヴィッド・ボウイは常に危険な綱渡り状態で、あっちの世界からこっちの世界へと転々と流転を求める変貌のボヘミアン。自らを単なるミュージシャンではない、そこら近所のロッカーとは一線を画すカメレオン的天才アーティストとしての仮面を顔面に食い込ませながら、ケタケタと笑う悲劇主義者にしてニヒリストである。

つかみどころのない雑多なボウイはエイリアンに憧れ、神秘の存在に祭り上げられる一方、自らをシュルレアリストと同時にダダイストと標榜《ひょうぼう》する。そんなボウイの精神構造の一端を形成したのが、彼が読破した何千冊。その中から彼自身が最も重要と考える１００冊のリストをもとに書かれたのが本書だが、ボウイ自身が解説しているわけではなく、著者ジョン・オコーネルが本について語るもうひとつのボウイ論である。

ボウイは、旅の移動には携帯書庫さながら1500冊もの蔵書をトランクに詰め込んでいたほどの狂気の読書家である。「僕はとんでもなくビッグになるよ」という目標を達成した後も、彼の読書熱は強迫観念的習慣になっていく。

100冊の内訳のほとんどを僕は読んでいないが、彼の興味と重なるのは、僕が若かりし時代に熱中したチベット仏教の教義や秘教やスピリチュアルで、それらから学んだボウイは「選ばれし者が歴史を通して存在し、この星の運命を見守る」と主張する。そんな思想は、60年代後半のニューエイジ・ムーブメントの中で拡張されたが、これらを「気が狂っていた時期」（著者）として100冊から除外したボウイは社会的なカムフラージュをしたように思う。

僕とボウイの本棚に共通する数少ない本の中に、例えばダンテの『神曲』がある。著者は「ダンテにとって、地獄とは異界ではなく、現実の物理的な場所」と言うが、僕がボウイと何度か会った感触では彼の異教への関心にはシャングリラ願望や地球空洞説があり、根っからの神秘主義者であるが、彼はあえてこれらの本を排除することで霊的人間としてよりも知的人間として捉えられることを戦略的に選択したように思われる。

本書には三島由紀夫の『午後の曳航《えいこう》』が選ばれているが、もし翻訳されていれば『美しい星』を加えていたかも知れない。ついでに私事になるが、英国で出版された僕の画集も100冊に加えられていて、ボウイに会ったとき彼は僕に「君は最初のパンクだ」と言って親指を立てた。ボウイの選んだ100冊を読むのは僕には手に負えないが、ボウイのファンなら挑戦してみる価値はあるだろう。彼の哲学を通して彼の奇跡的な人生と稀有な作品をもっと深く理解できるのではないだろうか。

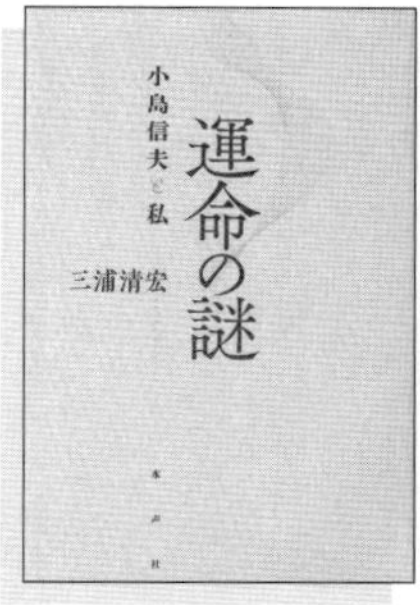

運命の謎
小島信夫と私
三浦清宏
水声社　2021／11／27

本書を手に取った理由は、小島信夫でも著者の三浦清宏への関心でもない。「運命の謎」という題名に惹かれたからだ。僕の好むＹ字路は人生の岐路。時代の推移。人知を超えた超越的で数奇な結末に振り廻される恐怖と快感。ぞくぞくするのが運命。宿命の元、運命に従うか、運命に逆らうか、僕は成るように成る原理原則に委ねてきた運命論者ってところかな。

ことの始まりは、三浦さんと小島さんのアメリカでの運命的な出会い。そんな小島さんは、相手の言うことを無条件で受け入れるという流儀の人で、すでに運命を受け入れる人かな？

それとどう関係があるのか知らんけど、小島さんには、楽しみは女しかないという文学の基本姿勢があって、弟子のような三浦さんに対して、うざいほどのおせっかい焼きだ。小島さんの魔術によって三浦さんの運命を操りかねない。

小島さんにとって小説は「生活そのもの、人生そのもの、信仰の対象ですらあ」ったという。詩人を志望していた三浦さんに「小説を書け」と強要する。まるで父親かスポーツのコーチだ。そんな小島さんに従っていた三浦さんは珍しく反抗する。「人生の目標はこの世ばかりでな」く、心霊世界こそ必要だと主張して、次第に小説への意欲を喪失していく。

小島さんは黙っていない。この世にあるつまらぬことを書くのが小説というもので、いきなりあの世だとか天上だとかに眼を向けてもダメだ、とどこまでも執拗に迫り、「自分が一番気になることを書け」とも言う。三浦さんは後に芥川賞を獲るが、座禅を始めて次第に信心的になっていく。そんな三浦さんが一番気になるものは心霊である。

小島さんの死後、三浦さんは交霊会で霊媒を通じて小島霊と対峙する。果たして小島霊は三浦さんに何を話すか？　ここに運命の謎の解答を見つけることが、できるかも。

挑戦
常識のブレーキをはずせ
山中伸弥　藤井聡太
講談社　2022/1/29

科学者と棋士の二つの稀有な才能が「強くならなければ見えない景色」を目指して「挑戦」。

冒頭、山中先生はコロナのパンデミックの脅威について熱く語る。一方、藤井棋士は求道者の如く将棋から一切ぶれず、コロナ状況を悲観しすぎない態度を取るが、先生の関心事、コロナ対策論は執拗に続く。藤井棋士は、京都大学ｉＰＳ細胞研究所の感想を求められるとｉＰＳ細胞に驚きはするが、再び将棋の世界へ関心を移し、全身将棋士の姿勢を崩さない。

山中先生の危惧に対して藤井棋士はコロナ禍を逆手にとって、「自分の将棋をじっくり落ち着いて見つめ直すということもできた」と状況を超越する。そして詰将棋の創作について語るが、これを「趣味」と言い切る。芸術が感性の産物だとすれば趣味は正解。科学も将棋も発明発見に於いては芸術と同根である。

後半は年齢とＡＩの話題に移る。研究者はこれからは二、三十代がピーク。棋士はＡＩによって年齢を超えて強くなるだろう。山中先生は、人間はＡＩには勝てず、ＡＩから学ぶ段階になっていると主張。棋士はＡＩを活用することで自由度は上がったと藤井棋士はいう。ＡＩが人間の能力にどう影響するのかという山中先生の問いに対して「人間の大局観がＡＩに勝つ」と藤井棋士は確信する。

しかしＡＩを駆使しても、勝てばいいという問題ではないのではないかという疑問が残る。確かに将棋は勝ち負けの世界である。だけど勝つことが人間性を高め、魂を浄化することとどう結びつくのか。異分野の人たちとの交流によって将棋が飛躍的に進化するかもしれないが、僕は自分が美術家だから言うのではないが、将棋に芸術的感性を導入することで、より将棋が知性と感性を超えて、北斎が晩年に求めた霊性と同質の高い人間的極みに達するのではないか。そこに藤井棋士の大団円を夢想したい。

ゾウが教えてくれたこと
ゾウオロジーのすすめ
入江尚子
化学同人　2022／2／26

この間、娘が「市原ぞうの国」で、公開制作でゾウが描いた自画ゾウや、他の動物や花なども描いたという本物の絵を沢山買ってきた（意外と高い＝笑）。

いきなり見せられると現代美術の表現主義的なドローイングだと思ってしまう。画面からは不思議な力がみなぎっていて、どこにも戸惑いがない自信に満ちた筆力に圧倒される。気まぐれに偶然描けたというような絵ではない。絵を描く行為に集中出来るだけの忍耐力があって、ゾウの知的好奇心がヒトの感性に言葉を超えて語りかけるようだ。芸術家ゾウを前にしてヒトは「ゾウだから」だなんて言っておれない。

僕は、１９６９年にゾウの原寸大の版画作品を作ったことがある。当時はヒトがゾウを原寸大に描くのも珍しかったが、今やゾウがゾウを描く時代に我々は生きているのだ（笑）。文明の進歩にもかかわらず、ゾウの能力に劣るヒトの実態を同時に知らされる思いだ。

本来芸術家は予知能力者でなければならないが、ゾウはその予知能力によって地震と津波を察知して多くの人が救われている。また何キロも離れた仲間ともテレパシー交信をする。このような超自然的な行動以外でも飼育担当者と同じ言葉を交わしたいという強い思いもある。一種の愛の表現であろうか。また、数を認知したり、記憶力も良く、仲間への情が深く、仲間を殺した人が住む村を襲って壊滅させたこともある。また目の前で密猟者に母を殺されるのを見たゾウがキレたこともある。ヒトと同様、精神面のケアが不可欠な動物と言えよう。

現在、人間の都合で絶滅の危機にあるゾウを守らなければならないところに来ている。三味線のバチをたった2本作るために、ゾウが一頭殺されてしまうのだ。情けないことに日本は象牙取引に参加する主要国になっていて世界から大バッシングを受けているという現実に心が痛む。

奇跡
林真理子
講談社　2022／4／9

田原桂一君へ

君が再婚したことには驚かへんけど、まさか君が梨園《りえん》の妻の博子さんと「出会ってしまった」という運命的な言葉の背後にしか生きられへんと悟ったことが「奇跡」やったんか。

君とパリで会って以来、君のすさまじい創作意欲と創造の現場を知っとるだけに、何かが空回りしとったこともよう知っとった。それは創造の不可欠要因である、両輪のもう片方の愛の欠如のことや。

パリ以来、君の本の出版を手伝ったり、僕のポートレイトを沢山撮ってもらったり、フードピア金沢の公開制作イベントなどで顔を合わせることがあったけど、君がパリから日本に創作の現場を移した頃から疎遠になってしもうた。そんなある日、僕のイベントの現場に「俺や、田原や」とひょっこり顔を出した君は昔の華奢《きゃしゃ》な田原君と違っとったけど、相変わらずの美男子の君と久し振りの関西弁で話がはずんだのは嬉しかったなあ。

帰国前後の君に何があったか知らんかったけど、本書で君と博子さんとの激情的な愛の交流を知って驚いた。愛と創造が君の中で一体化したその現場を見せてくれて、田原桂一健在なりと嬉しくなったもんやけど、パートナーの博子さんも君と一卵性双生児ちゃうかと思わせるほど覚悟の人やと分かった。

それにしても、田原君はなんで死んだんや。愛と創造の成就と同時にどうして死まで道連れにせんとあかんかったのや。君と最後に会うたあの日は、君の死の一年前やったことが後でわかっただけに、またゆっくり逢おうと約束しながら、果たせなかったことが悔やまれるんや。

君のあの人懐っこい微笑が、まさか死の悲しみを内包しとったんかということは知るよしもなかった。博子さんは君から生の歓びと同時に死の悲しみを贈られて、君は一人旅立った。因果な歌舞伎の前世物語みたいで、不憫でならない。

春はまた巡る

デイヴィッド・ホックニー　芸術と人生とこれからを語る

D・ホックニー　M・ゲイフォード　藤村奈緒美訳

青幻舎　2022／5／14

「有名人でいるのは嫌だね!」。何が彼をジェフ・クーンズやゲルハルト・リヒター、ダミアン・ハーストと並ぶ有名人として、メディアがこれほどに大騒ぎするのだろうかと、本書の共著者の美術評論家はホックニーについて語る。ホックニー自身は、人気の秘密は自分にはわからないと言いつつ、「私は少々宣伝好きなんだ」。

彼は現在84才。晩年のピカソは加齢に従って前年よりもっと気づくようになったというが、「今の私がそうだ」とホックニーは言う。彼は世界を旅して気に入った土地でアトリエを持つ。イギリス生まれだが、現在フランスのノルマンディーに新しいアトリエを構えて本書に掲載のｉＰａｄのドローイングを制作中。まるでゴブラン織りのような線が生物のように動いて目眩《めまい》がするほどに美しい。

有名な現代美術家でありながら「モダンアートは嫌いだ」と一線を画しており、最も私淑する画家のピカソ同様「人生の頂点は老齢期にある」とホックニーも同感。目で考え、目で描き、自分を意識しない。そして、そこに長生きの理由があると言う。

常に有名であったにもかかわらず自分は〈周辺的〉な存在と考え、芸術運動や流行はことごとく避けた。本書ではたびたび彼の名声や外見に触れ、「すぐ彼だとわかるイメージをつくり上げた」というメディアでの有名人ぶりを紹介しつつ、その実態と作品の関連性に個人的にはある種の興味をそそられるが、そのことは本書では論じられない。

だけど彼の名声はヒューマンインタレストの枠を超えて、彼の突き動かす絵画の魅力と、彼がどのように生きるかということで多くの示唆を与えた結果が、自身の名声と結びついているのだと思う。さらに彼の人生と芸術の源である愛が、画家ホックニーを存在たらしめているのである。

チベット幻想奇譚

星泉　三浦順子　海老原志穂〈編訳〉

春陽堂書店　2022／7／9

荒野の中を砂煙をあげてトラックで走る「俺」が、地平線の端でうごめく黒い点、人？　動物？　そんな影のような男を車に乗せてやる。そのみすぼらしい男はサガの町に「人を殺しに行く」という。「俺」はその男をサガの町まで送ってやる。

一方、その殺し屋は目当ての相手マジャを見つけたが、捜していたのは彼ではないという。殺し屋に代わって「俺」はそのマジャに会う。マジャは「俺」の姿を見てなぜか脅える。この「俺」とはこの小説の作者ツェリン・ノルブだ。なぜ彼が「俺」を見て、わなわなとのけ反ったのか？　この謎は読者にもわからない。そしてあの殺し屋はどこへ？

マジャが脅えたのは、やがてこの物語の書き手によって殺される予感を抱いたからだろうか。そして、この「俺」、つまり作者であるツェリン・ノルブがマジャを殺すことになる。しかも消えた殺人者の所有していた刀で。でも、この物語はここで終わったわけではない。フィクションが突然、現実と融合する。その瞬間、この物語は宇宙と同化する。その同化とはこの物語のいい加減さがそうさせるのである。

小説の中の登場人物の運命は全て作者の掌《て》の中にあるということだ。ひとりの人間の運命を思い通りにあやつる作者は神の代理か？　すでにこのことが幻想奇譚《きたん》の門である。と考えると、この小説は人間と運命（神）の問題をわれわれ読者に突きつけてくる。

本書を読みながら僕はモーパッサンの短篇を思い出した。西洋社会の怪奇幻想小説のネタは19世紀後半のオカルティストのマダム・ブラヴァツキーによるところが大きいと、訳者のひとり三浦順子氏は指摘する。チベット人は元々お化け話が大好きらしい。本書のどの短篇も不思議な霊力によって読者を異郷に誘導するに違いない。

挿絵でよみとくグリム童話

西口拓子

早稲田大学出版部　2022／9／3

こういう図版の多い本の書評は、やはり絵を先行して語るべきであろう。本書は題名が語るように「挿絵でよみとく」必要があるからだ。読者自らが解説文に目を通す前に、自らの感性と視覚体験を通して「読み解く」ことによって、読者の主体性を優先させ、解説に束縛されない視覚人間の自由度を獲得することこそが、今日的な視覚文化に対する社会的礼節ではないかと思うのである。観念優先から感覚優先を重視することによって、視覚文化の地平はどんどん拡張されるべきである。

本書の魅力は何と言っても、オリジナル画に対する模写であったり、改竄《かいざん》であったり、時にはオマージュであったり、剽窃であったりするのかも知れないが、読者の興味を引くのは、やっぱりオリジナル画とそっくりさんとの差異に気づくときの不思議な発見と興奮である。

単に西洋の猿真似ではないかという考えは今日では通用しない。なぜなら、色々な解釈やものの見方に思い思いの価値を認めるのが今日の多義的なあり方だから。そして、似て非なるもののズレを発見することこそ、新たな美を獲得する喜びになるのではないだろうか。

「グリム童話」は大正期にすでに日本でも紹介されていて、日本版の挿絵は岡本帰一などの挿絵画家らによって、模造作品が（言葉はよくないが）乱発されている。僕は、その行為を批判するどころか、賛美の立場に回る人間である。これらの挿絵は、今日の現代美術の剽窃の論理を時代を越えて先行していたと評価できるからである。

最後にひとつ注文がある。本書の図版はあまりにも小さすぎる。外国の大型切手くらいのサイズでは、よく似た作品の差異の比較が、ルーペを用いてでないと、非常にわかりにくい。ここはやはり、文章よりもビジュアルそれ自体で語らせるべきではなかったのではないだろうか。

SHO―TIME　大谷翔平
メジャー120年の歴史を変えた男
ジェフ・フレッチャー　タカ大丸訳
徳間書店　2022／9／17

大谷翔平がベーブ・ルース以来大リーグ史上2人目、104年ぶりの2桁勝利と2桁本塁打の二刀流で大偉業を達成したことに、本場アメリカでは歴史的な出来事として受け止められている。1世紀以上、誰もなし得なかった領域に立った大谷の偉業に誰もが驚嘆した。

「光栄なことだなと思いますが、あまりシーズン中は、今の数字がどういう印象なのかなとかが分からない」。あんな偉業を成した人間とは思えないほど、まるでひとごとのように話す大谷とは一体何者なのかという関心から、彼の不可思議な存在の謎に迫れればと思って本書を手に取った。

本書は彼の人間学を解明するのが目的ではないが、彼を知る人は口を揃えて「周りを明るくする笑いをもたらす人物」であり、「ものすごく人間味のある人物」と評する。と同時にテレビ画面で、彼がしばしばグラウンドに落ちているゴミを拾ってズボンの後ろポケットに入れる仕草を見たことがある人は多いと思う。

彼は禅のことは知らないと思うが、この動作は禅寺の作務修行のひとつでもある。僕は彼の存在に芸術行為を探ろうと試みたが、むしろ彼の存在感そのものが逆に芸術へ与える影響を暗黙の内に示唆する場面に出合うことがある。

盗塁失敗で二塁上で大の字になったり、一塁ベースからリードし過ぎて投手に刺され、おどけたポーズで観客を喜ばせるパフォーマンスは大きな笑いを誘う。自らをピエロ化して球場全体を盛り上げる彼のエンターテイナー的資質は芸術の非大衆性を批評しているようで実に好感が持てたが、彼がしたいのは、野球を徹底的に楽しむことである。その結果の記録で、記録を達成するのが目的ではない。

野球という職業を通して、大谷翔平は人生を遊びたいのである。そのために彼は心ではなく魂で真剣に野球と向き合っているのだと思う。

怖い家
伝承、怪談、ホラーの中の家の神話学
沖田瑞穂
原書房　2022／10／8

子供の頃のわが家は離れを含めて七部屋あったが、仕切りがなかった。そのことが逆に夜になると怖かった。一人で便所に行けなかったので、母に付いてきてもらった。暗い庭に面した廊下の奥に汲み取り式便所があって、足が竦《すく》んでしまった。

便所へ通じる庭は本書によると、庭そのものが異界、つまりあの世であるという。だから時間が存在しない。そんなあの世を横目で見ながら、怪異が出現する便所に入る勇気が僕にはなかった。僕にとっての便所は、まるで死が口を開けて待っている怪異そのものの空洞でしかなく、便所の外で待つ母の姿がまるで亡霊のように見えてゾッとしたものだ。

「怖い家」とはよく言ったものだ。家は、僕にとって常に怖い存在である。本書の内容から少し離れて私事になるが、母が死んだ後に家を移った。彼女は知らないはずの新しい家の中に、ある日、母が現れた。怖がりの僕をおどかすつもり？　母は僕に寄り添って無言のままボーッと立っていた。日中に実際に起きた怪異現象だ。

本書は、世界中から集められた神話や昔話の伝承、現代の小説やアニメ、怪談、ホラーなど、家にまつわる異界の怖い話を紹介する「怖い家」のアンソロジーだ。家は人体とよく似た構造を持っていて、その空洞の内部は人間と同じように、心も魂も霊も宿した精神の生き物として、人々に恐怖をもたらす存在である。

家という造形物が怖いのか、そこに棲む人間が怖いのか、「どっちや？」。人間の肉体に最も近い環境である家に人が宿ることによって、人格化した造形物が意識を持った瞬間、人は怪異に遭遇し、「あっ、怖い」と悟ることになるのだろうか。

また、古い家には何かがいるという。わが家は築88年。もし、そこに怪異がいるとすれば、それはこの「私」かな？

「死んだふり」で生きのびる
生き物たちの奇妙な戦略
宮竹貴久
岩波科学ライブラリー　2022／10／29

子供の頃、蛙《かえる》を捕ってお腹をなぜると、足をピンと伸ばして動かなくなるのが面白い遊びだったが、あれが実は「死んだふり」だったことを本書で初めて知った。「死んだふり」の研究は、世界中で誰もやっていない。だったら自分がやろうと生物学者の血がふつふつと沸いたという。蛙以外にも、例えば、豚や鶏、鮫、蛇までが捕食者を回避するために「死んだふり」をする。それが進化した生き物の行動だと仮定して、生物学者は実験し続けるのである。

生き物にとって、「死んだふり」という戦略は、どうも生き残るために有効な手段であるらしい。捕食者だと思われている鮫でさえ「死んだふり」をするらしいのだが、一体誰が鮫を襲うというのだろう。そんな生物界の不思議と謎が、次々と明らかにされていく。誰からも無視されている研究分野に没頭するその行為は、どこか芸術の無目的性と似ていて、僕は思わず共感してしまう。

それにしても、「死んだふり」をするのは死を恐れての行動であるが、ミジンコにとって果たして死は如何なるものなのか。死によって自己が消滅するその個体は、一体死について何を知っているというのだろう。そんなどうでもいい興味に思わずとりつかれてしまう。

ここで現実的な話になるが、僕はかつて死亡通知を新聞に掲載したり、遺作集を出版したりしたことがあるが、あれも「死んだふり」をして生きのびる手段だったのだろうか。また、僕の作品のほとんどが未完成であるが、これも創造的「死んだふり」で、次作への延命手段なのであろうか。

動物の世界は「死んだふり」で溢れているという。人間も動物である以上、「死んだふり」と無関係ではないだろう。「あなたも是非、死んだふりの世界に飛び込んでみては」と著者は結ぶ。

子犬の絵画史
たのしい日本美術

金子信久

講談社　2022／11／5

猫派の僕はどうも犬がニガ手だけれど、それが絵となればまた別の話だ。本書はかわいい日本の子犬画の絵画史である。日本の美術にはお手本があって、中国や朝鮮を源流として模写から入っているが、僕の絵の出発点も模写だった。

本書のハイライトは、なんといっても円山応挙の写生を基本にしたリアルな表現である。応挙は町の中で子犬を見つけると写生をした。「実物の観察」を重視する応挙の子犬の絵にさまざまな様式が混在しているのは、中国や朝鮮の絵画を模写したものと自分の表現が混然一体となっているからで、不明瞭な不協和音を醸しており、まるで多種多様なオーケストラの音のようでもあり、また抽象画のように見える場合もある。

特に白い子犬の描写は薄墨の輪郭線だけで略画風に描いており、他の毛色の犬と混じり合った時に平面で物質感が乏しく、まるで白い空洞がポカンと空いたように見える。そしてそんな白い子犬が毛色の違った子犬と混ざって群像になることで、具象画が突然抽象画に変容する、そんな錯覚さえ覚えるのである。

また応挙の弟子の長沢芦雪の子犬は、毛質の異なる犬と混ぜるのを得意としていて、目を細めて全体を眺めると、まるでジャクソン・ポロックのオールオーバーペインティングに見えなくもない。特に「菊花子犬図」などにその痕跡が顕著に見られる。

僕が初めて知ったのは、子犬が禅の世界を象徴する動物であるということ。芦雪が描いた「寒山拾得図《かんざんじっとくず》」で、中国の風狂の禅僧拾得の足元に白い子犬が3匹、隠し絵のように描かれているのが不思議でならなかったが、そういえば、「犬に仏性ありやなしや」と禅の公案にあったような気がする。仏教の根本原理では一切の衆生は仏性があるという。そう思うと、人と犬との違いはない！　急に自分が犬になった気分だ。そう思って本書をもう一度見直してみよう。

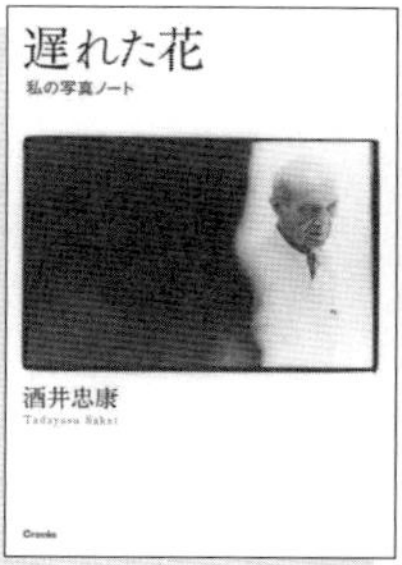

遅れた花
私の写真ノート
酒井忠康
クレヴィス　2022/11/26

本書の化粧扉の裏面に「亡き父母の霊前に捧げる」と記された著者のデディケーションを目にした時、お会いしたこともない著者のご両親の、また、見たこともない肖像写真が頭から離れないことに気づいた。

さまざまな表現で語られる本書の写真論が、何故か著者の少年性を取り戻そうとする行為のように感じられたのは、ご両親をイメージする僕の脳内視のせいなのかもしれない。

写真は、カメラマンがシャッターを切った瞬間に時間が止まる。つまり時間の死である。そんな死の瞬間を網膜に刻印しながら、死んだ時間について著者は、硬質な言葉で、時には普段着の言葉で語るが、その言葉によって写真は死から甦るのである。そして再生された死の断片を語る言葉はマントラでもある。

つまり写真は切断された時間によって殺された死体である。写真を見ることは時間の死体を見ることである。そして写真は言語化され、その言葉をさらに語る書評は実にむなしい。マントラをあげるラマ僧は言葉を信じないが、彼はビジョン、つまり写真はマントラとして信じる。

ある時、ある有名なカメラマンが来て、シャッターを切る瞬間、小声で「死ね」と叫んだ。シャッターが降りた瞬間、被写体の僕は死体に変わった。本書で著者は、何人ものカメラマンによって殺害された死体に、まるで少年のような汚《けが》れない純粋な裸眼で愛撫するようにマントラをあげる。写真という死体を、マントラという聖音《オーム》で供養するように読み上げていく。

ナダールもエイゼンシュテインも、下岡蓮杖《れんじょう》もエドワード・スタイケンも、アルバレス・ブラボも、そしてわが土門拳や濱谷浩、桑原甲子雄も、奈良原一高も、田沼武能や安齊重男らも、すでに墓標となったカメラマンたちも、著者のマントラの前に美しい姿態と共にわれわれを迎えてくれるのである。

夢の砦
二人でつくった雑誌「話の特集」
矢崎泰久　和田誠
ハモニカブックス　2022／12／10

1965年だった。和田誠が矢崎泰久に会ってくれと言った。「話の特集」という雑誌を創刊したがっているが、「俺は題名が嫌だ」と和田は言いながら、僕に表紙を描けという。無職状態で金がなかったので引き受けた。

表紙の絵は信じられないほど評判が悪かった（だけど、この表紙なら原稿を書くという作家も現れたと矢崎は言う）。創刊1年後にサンタクロースが首を吊った表紙を描いたら、本当にこの号を最後に「話の特集」は休刊してしまった。

休刊になったのは表紙のせいだという悪評が流れたが、再び復刊した時も表紙を描かせてくれた。しかし、相変わらず資金ぐりが苦しく、執筆者が株主になったが、配当などあてにした者はひとりもいない。ひとりで20万円から２００万円の投資をしたものの、最後まで一銭も配当は出なかった。

それでも矢崎という人は不思議な人徳と悪徳があって、誰も文句を言う者はいなかったが、矢崎から電話がある度に「また金？」と言って戦々恐々とした者もいた。今は昔。

そんな矢崎と和田の本書で、最も面白いのはシノ（篠山紀信）、タッちゃん（立木義浩）、マコちゃん（和田誠）、ヨコーちゃん（横尾忠則）、それに矢崎さん（何故かさん付け）の５人の、創刊20年を記念して語られた１９８５年２月号の座談会。創刊当時、若手の写真家、イラストレーターはまだ駆け出しのプライドだけが強く、口だけは達者で人後に落ちないナマイキさ。歯に衣を着せない、言いたい放題、やりたい放題のカラ元気と妙な自信のある仲間ばかりで、どうせ原稿料はくれない、だったら「話の特集」で暴れよう。でもここで暴れれば暴れるほど、他から仕事がこないという矛盾。

そんな「矢崎さん」も来年90歳。その過激さは昔も今も変わらない。まあ、いい時代のいい夢を見させてくれた矢崎さん、ありがとう。

絶筆
石原慎太郎
文藝春秋　2023／1／21

これは余談であるが本書の短編「北へ」があまりにも僕の境遇に酷似していたので驚いた。「血の繋がらぬままに育てられてきた」が「貰いっ子だと知ったのは中学生（僕的には高校生）の頃」に「事の弾み」で「戸籍を目にした」ことで、「さしたる衝撃はなかった」。むしろ「二人の仮の親に冷めた感謝の念はあった」。という心情さえも僕の自伝とそっくりである。

話を変えよう。本書の白眉《はくび》はなんといっても死の直前に書かれた「死への道程」であろう。死を目前にして「神経は引き裂かれ」、思考停止状態から脱却できないまま死の到来を前に、「虚無は歴然として存在する」というアフォリズムをものにする。

著者は死後生や輪廻転生はないと否定しながら心霊現象には並々ならぬ興味があった、と四男の延啓氏は語る。また次男の良純氏には感性の重要性を説き続けたが、石原自身は感性と背反する理性・知性の人として、自ら頑固一徹の自我を主張し続けた。

本書は、前作の自分と妻の死後の出版を目的とした自伝『「私」という男の生涯』（幻冬舎）と深くリンクする。「死への道程」はむしろ前著のための「あとがき」にふさわしいように思える。彼の虚無願望は、前著で赤裸々に露呈させた内容へのカムフラージュともとれなくもない。

虚無を願望する一方で、彼の本心は全く異なる意識（死後生の肯定）を認めながら、それ故に死後生への恐れから、自我を全うするためにも虚無をつらぬき通すしかなかったのではないだろうか。

また「死への道程」は人間石原であるべきだと思うが、「太陽の季節」の文学者としての石原慎太郎を前面に押し出しているように思われる。自分は「選ばれた人」という自負が、自らを特別視すると同時に複雑怪奇な人物を創造してしまったようにも思えてならない。

インドとビートルズ
シタール、ドラッグ&メディテーション
アジョイ・ボース　朝日順子訳
青土社　2023／2／18

ビートルズがアイドルグループYA!・YA!・YA!から、インドで哲学集団に変貌したという報道が世界を駆け巡った。常にビートルズを射程距離で狙い定めることでメディアの動向など無視しても、ツァイトガイスト（時代精神）は知性と感性を超えて、その先の霊性に感応できると知った僕はビートルズが体感したヨガの超越瞑想に没入。

ビートルズがグル（導師）と呼ぶマハリシ・マヘーシュ・ヨーギーのリシケシュのアシュラムに彼等のあとを追って、三島（由紀夫）さんにもそのかされてインドへ。ヒマラヤ山脈の麓《ふもと》リシケシュは、僕にはあのジェームズ・ヒルトンの『失われた地平線』のシャングリラを妄想させた。

ラヴィ・シャンカルからシタールを学んだジョージ・ハリスンはヒンズーのスピリチュアリティに傾倒。かつて経験したことのない「深さと明瞭さ」を体験しながら「自分は何者だ？　どこからやって来たか？」と自分捜しの旅に発《た》つジョージ。一方、ジョン・レノンは仮面をつけた自分に耐えられなくなり、神秘主義にはまっていく。そしてジョージもジョンもビートルズから心が離れ、ビートルズでいることにうんざりして、メンバーはギクシャクしていく。そんな最中にマネージャーのエプスタインの突然の死。そのことがマハリシにとっては幸運？　ビートルズを益々私物化できるチャンス。

超越瞑想に興味のなかったポールでさえ、思考の範疇を超えた体験に自己が「完成されたような感じを受けた」と語る。ジョンの意識は彼を追い越して、曲作りさえ無意味に思え、精神の危機に直面。マハリシはビートルズを目覚めさせたが、同時にビートルズを崩壊させる運命へと導いたグルでもあったのか？

本書もギクシャクしながらまるでアシッドトリップをしているように時空を上昇、下降しながら、読者をドラッグレス・コンフューズの世界へと誘う。

あかあかや明恵

梓澤要

新潮社　2023／3／18

冒頭からいきなり、明恵《みょうえ》上人の耳切り事件から幕が切って落とされる。俗世を離れて仏道に生きんとした釈尊につづくためには、五根のひとつを欠くことはどれほどのことか――。

明恵といえば「夢記《ゆめのき》」を無視できない。19歳から死の1年前まで書き続けた。明恵の夢はフロイトの無意識が顕現した産物という説は必ずしも通用しない。例えば神仏などの超越的な存在がしばしば夢に現れるだけではなく、同時に現実的に神が降霊して、のっぴきならないメッセージを語る。

30歳の頃、明恵は釈尊への強烈な思慕を達成せんとインドに渡る決心を立てんとするが、明恵の心を読んだ神が明恵の計画を拒んだ。

「我は春日大明神なり。明恵房の天竺《てんじく》行を止めるために降りてきた」

明恵の叔父の妻糸野御前《いとのごぜん》に春日大明神が憑依して彼女の口を借りて霊言を語らしめた。夢ではない。この奇異に明恵は後日、再び糸野御前を迎え、春日大明神の霊告を求めた。「御房の寿命はきわめて短い」。春日大明神はじめ、諸神達も明恵を守護しており、明恵が母親の腹の中にある時から守っている。従って「わが言葉に背いてはならない」と告げる。その場に居合わせた者達もこの神のサプライズに驚愕すると同時に圧倒されながらも、耳を傾けた。

それでも明恵は再びインド行の決行を図るが、執拗な神のブロックの前には断念せざるを得ない。明恵は10代の頃から夢や不可思議なことによって示唆され、導かれてきたが、仏や菩薩《ぼさつ》の化現《けげん》では、という者がいても、明恵は仏法の定めに従えば自然と備わる能力で本来人間には誰にも備わっているという。

夢や様々な共時性を体験しながらも、尚かつ明恵の意識は近代的とも言える。現代人のわれわれの失った太古の能力に、明恵の存在は無言の批評精神を投げかけてくる。

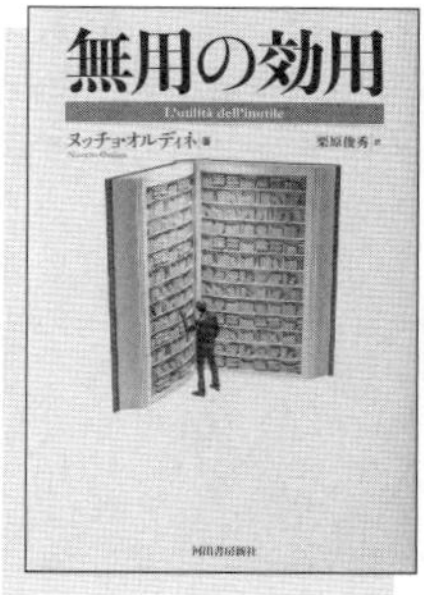

無用の効用

ヌッチョ・オルディネ　栗原俊秀訳

河出書房新社　2023／4／8

人は役に立つものが役に立ち、役に立たないものは役に立たないと思っているのではないだろうか。本書を読み終えた時、人は役に立つものが役に立たず、役に立たないものが役に立つということに気づくだろう。

僕はかつて役に立つデザインから、役に立たない美術に転向した。それは役に立つデザインが、実は役に立たず、役に立たないはずの美術が役に立つことを知ったからだ。イヨネスコはこのことがわからない者には芸術を理解することはできないという。

同じことであるが、岡倉覚三（天心）は「無用なものの用を認めたとき、人は芸術の王国に入ったのである」と。役に立たないはずの芸術が役に立つのである。それを「無用の効用」と本書の著者は言う。

ゴーチエは実利主義（デザイン）を攻撃する。役に立つものはすべて醜いという。例えば便所には便器がある。マルセル・デュシャンは役に立つはずの便器を、画廊の床に寝かせて置いた。その瞬間、役に立つはずの便器は機能を失って、ただ単なる便器の形をしたオブジェに化してしまった。オブジェになった便器は、役に立つはずのデザインから役に立たない芸術に変わった。と、その瞬間、便器の形をしたオブジェは全く役に立たなくなった。その替わり美を獲得した。美を獲得した替わりに、デュシャンの行為は「無用の効用」に早変わりしてしまった。

つまりイヨネスコによると「役に立つこと」は無益な重荷である。「役に立たないこと」はかけがえのないものであると彼は断言する。無用なものの有用性、有用なものの無用性を理解しなければ芸術は理解できないとイヨネスコは言う。

「役に立たないものについての深い認識をもってはじめて、役に立つことを論じ合うことができるのだ」――荘子

つまり幼児の精神になり切ることではないだろうか。

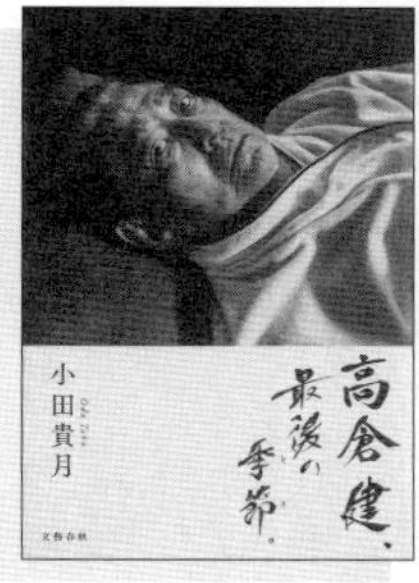

高倉健、最後の季節《とき》。

小田貴月

文藝春秋　2023／4／29

「何かあったらいい先生を紹介しますから」と健さんから電話があって一年もしないある日、貴月《たか》さんから突然、健さんの訃報《ふほう》の知らせがあった。

本書は死の前年に養女となった貴月さんの11カ月に及ぶ健さんとの闘病記である。亡くなる年の元旦、出された料理を健さんが珍しく残したのが事の始まりだった。

健康に自信のある健さんは風邪の症状ぐらいと軽く考えて「そんなに言うんだったら、行ってやるよ」とまるで他人事《ひとごと》のように不貞腐《ふてくさ》れながら重い腰を上げて病院に行った。その後不退の位となるまで入退院を激しく繰り返すことになるが、この間、病室に泊まり込んでの貴月さんの健さんに対する看病は常人の域を超え献身的なものであった。

入院を繰り返す度に健さんは「いつ帰れますか」と毎回同じ質問を先生にする。傍目《はため》には重体なのに、考えることは次回作への意欲ばかりが先行するが、この辺は先生や貴月さんとはズレている。気力を最優先する健さんの性格に、病院も次々と対応手段を打ち出すが、何せ健さんの肉体は日々崩落の一途を辿っているように見える。

そんないらだちの中で死の予知を暗示してか、健さんは「僕は、この病気で死ぬのかな」と貴月さんにポツリと語った。彼女は無言で口をキュッと結んで痛がる腰を摩《さす》り続けた。命の限界を自ら認めざるを得ないのか、この辺のことは誰にもわからないが、明らかに命の灯火《ともしび》の賞味期限がないことが、先生にも貴月さんにも予感されていたのではないか。

そんな時、貴月さんは思わず、「棺《ひつぎ》のなかに一緒に入れていただきます」と口ばしってしまう。健さんは笑って見過ごすが、ドキッとする言葉だ。そしていよいよ最期の瞬間を迎える。健さんがまるで映画の台本のようなセリフを残して実が虚になる瞬間に、僕は立ち会うことになった。

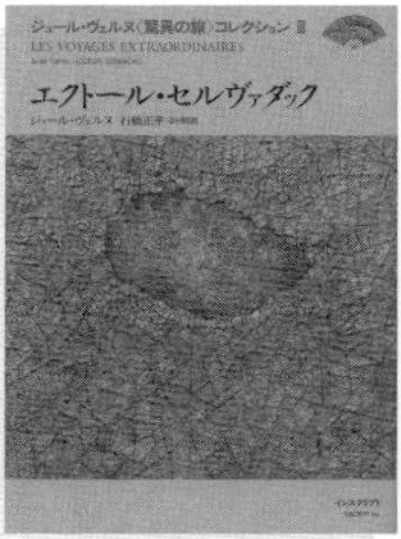

エクトール・セルヴァダック
ジュール・ヴェルヌ〈驚異の旅〉コレクションⅢ
ジュール・ヴェルヌ　石橋正孝訳
インスクリプト　2023/5/20

陸軍士官エクトール・セルヴァダックは、大晦日の夜、部下とともに彗星の衝突に遭遇し気を失う。

意識を取り戻すと、そこは西と東が逆転し、一日の長さが半分で、重力が数分の一の孤島。彼らは地球の一部とともに宇宙空間に放り出されたのだった……。

地底、火山、大洋、極寒の地、とセルヴァダックの冒険が始まった。太陽系を巡る二年間の宇宙漂流記。地球に帰還する熱気球の信じられない旅は、ジュール・ヴェルヌの専売特許。だけど今回は本文の書評から離れて、本書の約100点の素晴らしい挿絵を描いた挿絵画家ポール・フィリポトーから目を離さないでもらいたい。ヴェルヌの「驚異の旅」をさらに驚異にしているのは木版画などによる挿絵である。私がヴェルニアンになったのは、『神秘の島』でも『海底二万里』でも『八十日間世界一周』の物語でもない。その古典的な技法の挿絵群だ。「驚異の旅」シリーズ全体の挿絵だけでも5千点もある。

あのポール・デルヴォーも、自作の絵画で同シリーズの『地球の中心への旅』の主人公オットー・リーデンブロックの人物画を引用しているではないか。

では本書の約１００点の挿絵を顕彰してみよう。まるで舞台演劇の一コマか映画の一場面のように今にも登場人物が生きた俳優のような見事な演技によって、今にも画面の外へ飛び出そうとする。人物のひとりひとりが、自らの役を演じ、次の動作に移る一瞬の時間を止め、その表情は今にも言葉を発しそうだ。

背景の小道具はすべて歴史的時間によって時代考証がなされ、また背景の風景はハリウッド・ナイトのように昼夜の時間を超越した奇想の魔法世界を描き出している。本文の活字から一度、目を移してとくと挿絵の世界の「驚異の旅」に出掛けてみては。

本書挿絵の一部

ことばのくすり
感性を磨き、不安を和らげる33篇
稲葉俊郎
大和書房　2023／5／27

著者は医師である。僕は病院に行って医師の言葉を聞くのが好きである。体調が悪くて病院に行くのに、医師と話をしているうちに気がついたら病気が治っているという経験が何度もある。医師の言葉は僕にとっては魔法である。著者が言うように「ことば」は「くすり」である。「ことば」の力が発揮される時は、「あたま」と「からだ」、そして「こころ」が三位一体になる時に「ことばのくすり」は内臓へ運ばれ、「ことば」を食事のように全身に運んでくれると言う。

一方、著者は礼節について想いを深めている。言葉には不思議な力が宿り、礼節は言霊を宿す。といって礼節は道徳でも倫理でもない。著者は芸術にも造詣が深い。といって芸術が道徳的、倫理的である必要はない。むしろ芸術は反道徳的で無礼であるべきだ。ある意味で芸術はラテン的で、その理念はいいかげんで「だいたい」「てきとう」で結構！　つまり芸術は自由を愛する。

著者は「ことば」が感性を磨き、不安を和らげる「くすり」であると言う。本書は「死」から始まって「子ども」の話で終わる。僕にとっては死と幼児性は一体である。幼児は死を誕生以前に経験しており、無意識にその何たるかを魂が記憶している。

僕は絵を描く時、脳から言葉を排除して、肉体を言語化する。脳の発する言葉は肉体言語に劣る。なぜなら肉体は正直である。従って魂に最も近い存在である。脳は喜怒哀楽に左右されウソも平気。肉体はウソをつくことができない。

そこで脳の発する言葉ではなく、肉体が発する感性としての言葉に従う方が納得できる。芸術家はそのことをよく理解している。

「ことばはくすり」である。が、薬は必ず副作用がある。言葉と行為によってカルマ（業）が発する時、「ことば」と「からだ」はどう対応するのでしょうか。ぜひ聞いてみたいところである。

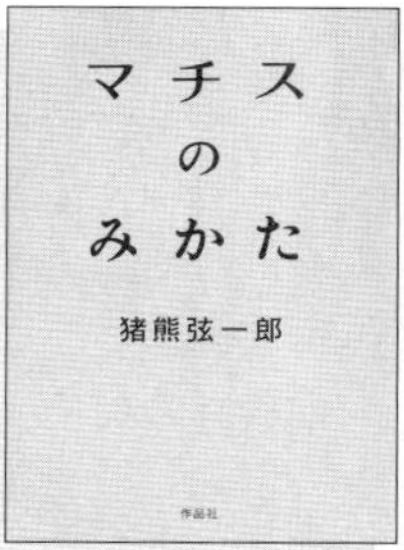

マチスのみかた

猪熊弦一郎

作品社　2023／6／10

全編、猪熊さんはマチスから1ミリも離れない。長い間私淑した憧れのマチスに会いに行くが、マチスの第一声は猪熊さんのピカソばりの絵を見て「この仕事は賛成できない」。また別の絵（デッサン）を見て、「うますぎる」。額縁に入れた絵には、「額縁に入れて美しくみえるようではだめです」とコテンパン。そんなマチスが、花瓶の花や木を「どう描いていいのか自分にもわからない」という。

さあ、絵とは一体何でしょう。かつてマチスが尊敬していたルノワールに会って自作を何点か見せた時、ルノワールから「正直いって、あなたの絵は好きになれない。まあ大した画家ではなく下手な画家だ」と、猪熊さんがマチスに言われたように、マチスもルノワールに言われたという、歴史が繰り返されるようなエピソードを読んだ記憶がある。

何をいわれてもびくともしないどころか、ますますマチスに没入していく猪熊さんの粘着は狂気的だ。マチスはデッサンを繰り返し描き続け、自然を見つめ、赤裸々な人間世界にこだわらない純粋な美の仙境にたどり着く。そんなマチスの秘密の花園にとことん進入していく猪熊さんは美の探検隊のようだ。

マチスは本番の油絵を描く前に儀式のように、何枚も何枚も描く。ピカソのエイヤッ！と一気呵成《いっきかせい》にアスリートのように描き上げる神業とは対照的に、研究に研究を重ねてとことん納得のいくまで、とはいってもまるで未完のまま完結させてしまうその創作の魔力に、自然への理解を通して自らの肉体にまで同化させるマチスの絵の存在に、猪熊さんは圧倒されながら、自然こそ抽象であるという境地に到達していくマチスの悟りに、子供と同じ天国に通じるマチスの不敵の画境に、死ぬまで追求した自身の人間性に、猪熊さんは芸術の神髄を見て、われわれにそれを伝えようとするのである。

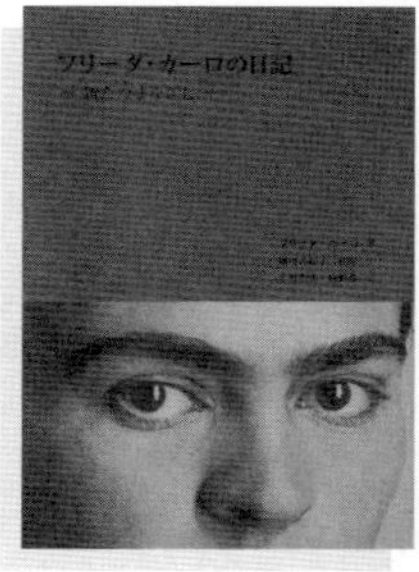

フリーダ・カーロの日記
新たなまなざし
フリーダ・カーロ　星野由美、細野豊訳
冨山房インターナショナル　2023／7／1

『フリーダ・カーロの日記』は全くもって見事に書評を拒否している書物である。フリーダ・カーロは言葉（詩）を絵のように観賞させ、絵を言葉（詩）のように語る。フリーダ・カーロは画家である。従って言葉を絵のように綴る。また絵を言葉のように読ませる。フリーダ・カーロの言葉は、言葉というより絵である。

メキシコ人である彼女の手書きのスペイン語が読めない日本人のために、本書では絵と言葉は分離された場所に並べられている。だが、言葉（詩）は絵の中にもぐり込んで、絵のように描かれている。この絵と言葉の一体感は、日本人の理解のために分離され、絵と言葉（詩）はお陰で空中分解してしまった。

絵と言葉の結合は、愛の対象ディエゴ・リベラの肉体へと結合しながら魂の苦痛の傷口を開いていく。

例えば日本語に翻訳された次のような言葉がある。

笑いと軽蔑より価値のあるものはない——笑いは力だ。そして身をゆだねること。残酷で軽率であること。悲劇は「人間」が持っている一番滑稽なものだけど（中略）各々の人間が痛みとして「表現」できる×××あるいは感じるどんな心象よりも真実だ。

以上の言葉と対応して巨大な男根が４体、それらが交差した地点に四つの乳房によって形づくられた花弁のような女陰が二つ、その中心から四方に精液が滝の飛沫《ひまつ》のように乱舞している絵が描かれている。

絵にはスペイン語で「中心と一つ。花と果実」という言葉が添えられている。前記の言葉と添えられた絵の因果関係は謎である。本書には90頁にわたって絵が掲載されているが、彼女が事故に遭って砕かれたその肉体の一部のように、バラバラに絵と言葉は飛び散りながら破壊と創造の反楽園世界を形成しているように思える。

これは写真と言葉による書評です。写真は©Bob Schalkwijk

絵と言葉 一体感もって味わう

フリーダ・カーロの日記 新たなまなざし

フリーダ・カーロ〈著〉 星野由美、細野豊訳 冨山房インターナショナル 8800円

Frida Kahlo（1907～54） 自画像で知られるメキシコを代表する画家。女性の身体や性を描いた。

『フリーダ・カーロの日記』は全くもって見事に書評を拒否している書物である。

フリーダ・カーロは言葉（詩）を絵のように観賞させ、絵を言葉（詩）のように語る。

フリーダ・カーロは画家である。従って言葉を絵のように綴る。また絵を言葉のように読ませる。フリーダ・カーロの絵は、絵というより言葉である。フリーダ・カーロの言葉は、言葉というより絵である。

メキシコ人である彼女の手書きのスペイン語が読めない日本人のために、本書では絵と言葉は分離された場所に並べられている。だが、言葉（詩）は絵の中にもぐり込んで、絵のように描かれている。この絵と言葉の一体感は、日本人の理解のために分離され、絵と言葉（詩）はお陰で空中分解してしまった。

絵と言葉の結合は、愛の対象ディエゴ・リベラの肉体へと結合しながら魂の苦痛の傷口を開いていく。

例えば日本語に翻訳された次のような言葉がある。

笑いと軽蔑より 価値のあるものはない――笑いは力だ。そして身をゆだねること。残酷で 軽率であること。悲劇は「人間」が持っている 一番滑稽なものだけど（中略）各々の人間が痛みとして「表現」できる××××あるいは感じる どんな心象よりも真実だ。

以上の言葉と対応して巨大な男根が4体、それらが交差した地点に四つの乳房によって形づくられた花弁のような女陰が一つ、その中心から四方に精液が滝の飛沫《しぶき》のように乱舞している絵が描かれている。

絵にはスペイン語で「中心と二つ。花と果実」という言葉が添えられている。前記の言葉と添えられた絵の因果関係は謎である。本書には90頁にわたって絵が掲載されているが、彼女が事故に遭って砕かれたその肉体の一部のように、バラバラに絵と言葉は飛び散りながら破壊と創造の反楽園世界を形成しているように思える。

評・横尾 忠則 美術家

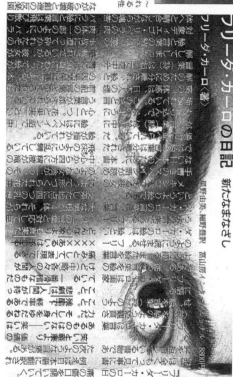

写真©Bob Schalkwijk

ナマケモノは、なぜ怠けるのか？
生き物の個性と進化のふしぎ

稲垣栄洋

ちくまプリマー新書　2023／7／29

冒頭、いきなり「カタツムリはつまらない生き物である」と。よりによって著者の勤務先のシンボルがカタツムリだという。

ところが柳田国男とマハトマ・ガンジーがカタツムリを称《たた》えていたことを知った著者はコロッと前言を取り下げて「カタツムリがつまらない」などとんでもない話だと他人ごとにしてしまう（あきれた話だ）。

カタツムリは僕に言わせれば理由はともかく「芸術」である。

カタツムリに関してはまあ、ここは著者のシャレと認めましょ。それにしても「神さまはどうして、こんなつまらない生き物をお創りになったのだろう」と疑問を抱きながら「みっともない」「にぶい」「ぱっとしない」「こまった」生物を次々と登場させる。

本書の題名にもなっているナマケモノは、その名の通り本当に怠け者である。一日中寝てばかりで、エサを食べるのも面倒くさそう（余談だが僕の口ぐせもメンドークサイである）。ナマケモノはその性格からエネルギーを無駄に消費しない。

ナマケモノは動くのが面倒なので、敵からも見つからない。動かないナマケモノは体にコケが生えてカムフラージュして身が守れるという。ナマケモノゆえのスローな動きのために、戦略的に生存競争を勝ち抜くことができた。「だからね、寝てばかりいるナマケモノも、そのままでいいんだよ」と著者は言う。

カタツムリがつまらないとは僕は思わない。それよりつまらないのは人間ではないのか。僕はここで著者と考えが一致する。本当につまらない生き物を著者は見つけた。「ヒト」である。戦争を起こし、欲深く、自分勝手に地球をおかしな大義名分を理由に壊してしまう。「神さまはどうして、こんなつまらない生き物をお創りになったのだろう」。そんな人間を「あなたは、あなたのままでいいんだよ」と言っていいのかな。

未完の天才　南方熊楠

志村真幸

講談社現代新書　2023／8／12

人間は未完の状態で生まれてくる。そして完成した存在であるなら、その魂はこの世に転生する必要は無い。未完ゆえに現世に生まれてくるのである。

そういう意味では今生に生まれてきた人間のほぼ全てが未完といえる。そして生まれてきた以上、魂の完成を目指して一生励むことになっているが、そのことに興味の無い魂（人間）は別に完成を目指そうとはしない。

そして死の瞬間まで、ついに完成はない。結局、大半の人間は未完で生まれて完成を目指すが、ついに完成を見ずに死ぬことになる。

「知の巨人」とも呼ばれる南方熊楠は、柳田国男と民俗学の礎を築いたが途中でけんか別れ

完成の無意味さ 気づいた故に

未完の天才 南方熊楠

志村 真幸〈著〉

講談社現代新書 1034円 ㊝

人間は未完の状態で生まれてくる。そして完成した存在であるなら、その魂はこの世に転生する必要は無い。未完ゆえに現世に生まれてくるのである。

そういう意味では今生に生まれてきた人間のほぼ全てが未完といえる。そして生まれてきた以上、魂の完成を目指して一生励むことになっているが、そのことに興味の無い魂（人間）は別に完成を目指そうとしない。

そして死の瞬間まで、ついに完成はない。結局、大半の人間は未完で生まれて完成を目指すが、ついに完成を見ずに死ぬことになる。

「知の巨人」とも呼ばれる南方熊楠は、柳田国男と民俗学の礎を築いたが途中でけんか別れし、キノコの新種をいくつも発見したのに集大成となる本も出していない。熱中していた植物学の研究もパタリとやめた。

熊楠が「未完の天才」ということは、完成を目指したが、その望みは魂の進化向上ゆえの完成で、この人生を最後の生と定め、輪廻《りんね》のサイクルからの離脱を求め、可能ならば不退転者であろうと願ったゆえに、彼は完成を目前にしながらあえて未完で終わろうとしたのであろう。その結果、彼の魂は現世を離脱して、永遠の生を手にした不退転者であったかどうかは我々の知るところではないが――。

熊楠は完成を嫌ったというか、完成の無意味さに気づいていたように思う。仮にそれが未完であったとしても、未完こそが進行のプロセスであるという点において、完成と認めることはできる。小さい未完の連続は、ある意味で未完という名の完成であるからだ。

私は私の全ての作品を未完と定めている。つまり現世での完成はあり得ず、輪廻転生からの離脱の時に、未完の魂は天地逆転するのである。したがって現世では大方の魂は未完でいいのではないだろうか。それを確認した熊楠は、あえて未完こそ完成の進行形であると、わが魂に印象づけてこの現世を去ったのである。

しむら・まさき　77年生まれ。南方熊楠顕彰会理事、龍谷大研究員。『南方熊楠のロンドン』でサントリー学芸賞。

評・横尾 忠則　美術家

し、キノコの新種をいくつも発見したのに集大成となる本も出していない。熱中していた植物学の研究もパタリとやめた。

熊楠が「未完の天才」ということは、完成を目指したが、その望みは魂の進化向上ゆえの完成で、この人生を最後の生と定め、輪廻のサイクルから離脱を求め、可能ならば不退転者であろうと願ったゆえに、彼は完成を目前にしながらあえて未完で終わろうとしたのであろう。その結果、彼の魂は現世を離脱して、永遠の生を手にした不退転者であったかどうかは我々の知るところではないが――。

熊楠は完成を嫌ったというか、完成の無意味さに気づいていたように思う。仮にそれが未完であったとしても、未完こそが進行のプロセスであるという点において、完成と認めることはできる。小さい未完の連続は、ある意味で未完という名の完成であるからだ。

私は私の全ての作品を未完と定めている。つまり現世での完成はあり得ず、輪廻転生からの離脱の時に、未完の魂は天地逆転するのである。したがって現世では大方の魂は未完でいいのではないだろうか。それを確認した熊楠は、あえて未完こそ完成の進行形であると、わが魂に印象づけて、この現世を去ったのである。

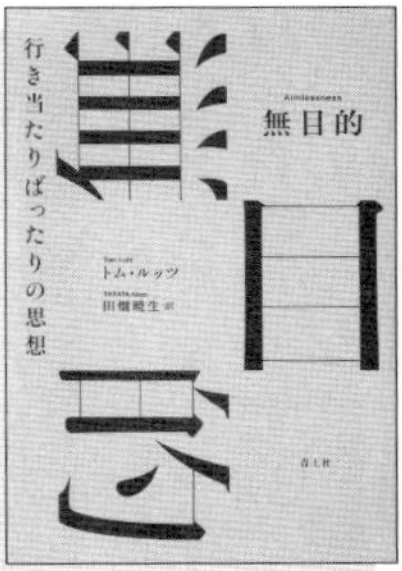

無目的
行き当たりばったりの思想
トム・ルッツ　田畑暁生訳
青土社　2023/8/26

この書評は無目的性を体現している。無目的性はアーティストの理念である。しかし、本書の著者は知識のてんこ盛りのために無目的性が不透明になっている。ドゥルーズ、ガタリ、ニーチェ、アドルノら哲学者から、芭蕉や老子といった俳人や思想家、さらには文学者や歴史家まで引き合いに出してくる。これでは、無目的が目的にすり替わってしまう。無目的とは、そんなに複雑に語るべきことなのか。芸術の無目的性はもっと単純で愚鈍でちゃらんぽらんである。

人間は生まれる以前は目的があったはずだが生まれた途端、無目的の世界に放り込まれる。が、これに困ると思った、生まれたての幼い魂はあわてて目的を探し始める。そして成長をした頃に生老病死を知って、再びあわててヤバイと目的を手放す。そこで初めて生きることに目的など必要ないと魂は悟るのである。

幼児は無目的である。何かを得ようとはしないし、気負いもない。力が抜けている。つまりそれこそが幼児の遊戯なのである。

本書は無造作に、無目的に行き当たりばったりでいいのではないか。何かを得ようとするから目的に振り回される。

著者は本書を何のために書いたのだろうか。無目的という目的のために書いたのかもしれない。読者だってこの本から何かを得ようとすると目的的になってしまう。無目的を語るという目的のために読者は一時、間を取るしかない。

ニーチェは、目的に焦点を当てた行為それ自体が無目的であるといった。まさに芸術がそうだ。ニーチェは「活発な人間の魂の奥底には、怠惰がある」とも述べている。怠惰から生まれる信念。精神の怠惰が信念を作っている。どうしてこんなに分かりやすい無目的の理念を、著者は分かりにくく書いたのだろうか。

芸術家は全て無目的に無視する。

評者の意向により、縦書き、横書き、反転を混在させた書評です。

無目的　行き当たりばったりの思想

トム・ルッツ〈著〉

田畑暁生〈訳〉　青土社　2420円

Tom Lutz　米カリフォルニア大リバーサイド校特別教授。小説や脚本なども執筆。著書に『働かない』など。

精神の怠惰が信念を作っている

人間は生まれる以前は目的があったはずだが生まれた途端、無目的の世界に放り込まれる。が、これに困ると思った、生まれたての幼い魂はあわてて目的を探し始める。そして成長した頃に生老病死を知って、再びあわてててヤバイと目的を手放す。そこで初めて生きることに目的など必要ないと魂は悟るのである。

この書評は無目的性を体現している。無目的性はアーティストの理念である。しかし、本書の著者は知識のてんこ盛りのために無目的性が不透明になっている。ドゥルーズ、ガタリ、ニーチェ、アドルノら哲学者から、芭蕉や荘子といった俳人や思想家、さらには文学者や歴史家まで引き合いに出してくる。これでは、無目的が目的にすり替わってしまう。無目的とは、そんなに複雑に語るべきことなのか。芸術の無目的性はもっと単純で愚鈍でちゃらんぽらんである。

幼児は無目的である。何かを得ようとはしないし、気負いもない。力が抜けている。創造はそこから生まれる。つまりそれこそが幼児の遊戯なのである。

本書は無造作に、無目的に行き当たりばったりでいいのではないか。何かを得ようとするから目的に振り回される。

著者は本書を何のために書いたのだろうか。無目的という目的のために書いたのかもしれない。読者だってこの本から何かを得ようとすると目的的になってしまう。無目的を語るという目的のために読者は一時、間を取るしかない。

ニーチェは、目的に焦点を当てた行為それ自体が無目的であるといった。まさに芸術がそうだ。ニーチェは「活発な人間の魂の奥底には、怠惰がある」とも述べている。怠惰から生まれる信念。精神の怠惰が信念を作っている。どうしてこんなに分かりやすい無目的の理念を、著者は分かりにくく書いたのだろうか。

芸術家は全て無目的に無視する。

評・横尾　忠則
美術家

ぼくはあと何回、満月を見るだろう

坂本龍一

新潮社　２０２３／９／９

ニューヨークの日本食レストランで食事中、いきなり背後から抱きつく者がいた。坂本龍一だ。一度会っただけなのに、なんて人懐こい人なんだと驚くと同時に不思議な友情も抱いた。翌日、僕の個展を開催中のギャラリーに来てくれた。オーナーに、Yellow Magic Orchestra のサカモトだと紹介した。彼はニューヨークで有名人だった。

その後、電報のような短い用件のみのメールやＣＤが届いた。長い空白があって、ついこの間のことのように思うが、東宝スタジオの社員食堂で彼と食卓を囲んだ。そしてその数日後、アトリエにやってきた。

いつか彼に聞こうと思っていたことがあった。それはヘルマン・ヘッセの「芸術家が政治に関与すると短命に終わる」という発言への見解であったが、政治的行動をしていた彼はその頃ガンを宣告されたので、ヘッセの言葉は僕の中で封印することにした。だが、ひとつ気になることを質問した。

「坂本さんの政治的社会的行動は思想?」と。彼はしばし沈黙のあと「僕の行動は性質的なもので、思想というより集会の現場を味わいたいからで、コンサートの現場主義に似ているかな」と答えた。

芸術的創造はそれ自体が反社会的で、平和的理念を内包しているので、あえてプロパガンダ的行動を起こす必要がないというのが僕の考えである。

さて、本書は坂本龍一の71年の生涯の自伝である。冒頭いきなり、終わりの見えない壮絶なガンの治療報告で思わず身が引けてしまう。次々と転移するガン腫瘍の、2年で6回の手術。時にそれは20時間にも及んだ。

心身共にズタズタになりながらも、彼は死についてあまり語ろうとしない。あくまでも生に立ち向かいながら、死の前々年も前年も、海外も含めて猛烈な量の仕事に決着をつけていく。死を目前に控えた人間が、コロナ禍での闘病生活の中で、ロシアがウクライナに侵攻したことに大きなショックを受け、「一刻も早く暴力が止んでほしい」と願いながら、ウクライナ支援のための海外のチャリティーアルバムに参加し新曲を書く。

本書の最後の一行まで、彼は音楽を語り続ける。死の年に脱稿された本書には生死の無念さはない。ただ一言「芸術は永く、人生は短し」。「ひとまずここで終わります」と筆を置く。

本書の記述で、毎週日曜日、山田洋次さんと僕がトンカツの後あんみつを食べると語られているが、事実は蕎麦の後ぜんざいが正解（笑）。こんなくだらないことに拘る僕と、天下国家を論じる坂本龍一がなぜ友達？

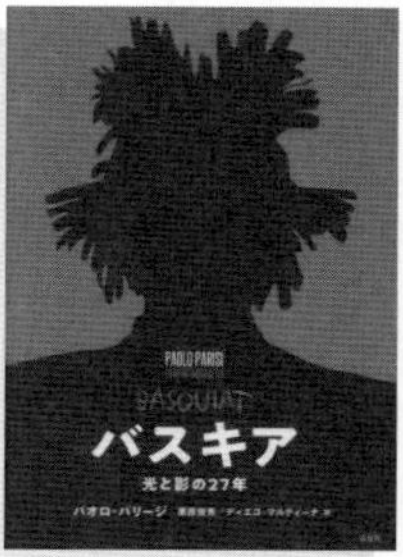

バスキア
光と影の27年

パオロ・パリージ　栗原俊秀、ディエゴ・マルティーナ訳

花伝社　2023/9/30

泥をひっかけた縞《しま》柄のダークスーツのズボンの裾からのぞいた汚れた裸足が、床に転がった椅子に乗っかっている。こんな写真が「ニューヨーク・タイムズマガジン」の表紙を飾って、若き黒人アーティストは一躍スターダムに躍り出てしまった。

コンセプチュアル全盛・１９８０年代、世界同時多発的に、新表現主義絵画が台頭。その最先端に、「ＳＡＭＯ©」と名乗る正体不明のグラフィティアーティストが登場。この謎のアーティストが後のバスキア。彼は「ＳＡＭＯ©は死んだ」と死亡宣言をして、有名になることを目的に、ポップアーティストのキング、アンディ・ウォーホルに急接近。この若きスターに対して、ウォーホルも利用価値あり、と採算。２人のコラボレーションが、美術界の檜舞台に登場した。だが、こうした2人の新旧スターの売名行為は惨憺《さんたん》たる悪評に終わった。

だけどバスキアはメアリー・ブーンとラリー・ガゴシアンの二大スターギャラリストの尽力によって、陰りが見えてきたにもかかわらず商業的には大成功。

本書は27歳で夭折《ようせつ》したバスキアの光と闇をイタリアのイラストレーターが漫画のコマ割り形式で、赤、青紫、緑、薄黄の4色でグラフィカルな伝記的絵物語に仕立てた。色は鮮やかだが、全体に薄暗い死の空気が全ページに立ちこめている。

バスキアの掻きむしったようなあのギザギザのストロークは、本書では姿を消して、なんとなくミニマルでポップな色面絵画のように非感情的でフラットである。だからか、バスキアの資質とは逆のアンニュイな雰囲気から余計に死の空気が流れてくるのかもしれない。

冒頭いきなりバスキアの死から始まって、最後はニューヨークから愛の逃避行を決行して、恋人と2人で浄土的なハワイの楽園でバスキアの薄幸を暗示しながらこの物語は終わる。

暗闇の効用
ヨハン・エクレフ　永盛鷹司訳
太田出版　2023／10／14

子供時代の夜を回想する時、家の中の明かりは60ワットで物の存在が朦朧としていた。一歩外に出ると吸い込まれそうな深い闇の底。頭上では固唾を呑む満天の星が、ミルクを流したような天の川から滴る。あの光の滝は今はない。

今は地上の光害《ひかりがい》が、あの昔の夜空から星の光を奪ってしまった。子供時代へのノスタルジーを、見えないものを見えるように描く美術に対して、僕は見えるものを見えないように描く引き算の絵画に挑戦し「Y字路」と名付けた夜景を主題として描き続けて23年になる。

大正期に「光線の画家」と呼ばれた小林清親《きよちか》は、文明開化の新時代の曙を夜景で謳歌《おうか》したが、当時は暗闇の中から蛾《が》が明かりを求めたような時代で、あれから150年、今や昼夜の区別のない光害都市が生活圏。そんな文明の坩堝《るつぼ》で多くの生物や植物が生命の終焉に瀕している現状に、本書の著者は魂の危機を感じとっている。

僕はそんな光害都市を暗闇の夜景として描くことで告発したわけではなく、かつて子供時代の暗闇に愛された幸せな充足時間へタイムスリップを求めたに過ぎない。あの懐かしい時代にもう一度帰ってみたいと夢想する。

戦争のさなかのあの忌々しい灯火管制の真っ暗闇の恐ろしい時代でさえ懐かしく思える現在。著者は失われていく闇に対して、人間が自然に大きなダメージを与える「人新世」という新しい語への危機意識のようなものも感じ、「自然の偉大な宝を、私たちは失いつつある」と哀悼の念を込めて語る。

本書を通して、著者は「コウモリ研究者、旅行者、暗闇の友として夜に奉仕してきた」20年の経験を読者とともに共有し、人工の光が、生物の体内時計をいかに乱しているかを明らかにする。本書は文明批評とも読めるが、21世紀のもうひとつの「陰翳礼賛《いんえいらいさん》」の書でもあると思えた。

評者の意向で、ビジュアルと言葉を組み合わせた書評です。

光害を批判　21世紀の陰翳礼讃

暗闇の効用

ヨハン・エクレフ〈著〉

永盛鷹司訳　太田出版　2420円　㊫

子供時代の夜を回想する時、家の中の明かりは60ワットで物の存在が朦朧《もうろう》としていた。一歩外に出ると吸い込まれそうな深い闇の底。頭上では固唾《かたず》を呑む満天の星が、ミルクを流したような天の川から滴る。あの光の滝は今はない。

今は地上の光害《ひかりがい》が、あの昔の夜空から星の光を奪ってしまった。子供時代へのノスタルジーを、見えないものを見えるように描く美術に対して、僕は見えるものを見えないように描く引き算の絵画に挑戦し「Y字路」と名付けた夜景を主題として描き続けて23年になる。

大正期に「光線の画家」と呼ばれた小林清親《きよちか》は、文明開化の新時代の曙《あけぼの》を夜景で謳歌《おうか》したが、当時は暗闇の中から蛾《が》が明かりを求めたような時代で、あれから150年、今や昼夜の区別のない光害都市が生活圏。そんな文明の坩堝《るつぼ》で多くの生物や植物が生命の終焉《しゅうえん》に瀕《ひん》している現状に、本書の著者は魂の危機を感じとっている。

僕はそんな光害都市を暗闇の夜景として描くことで告発したわけではなく、かつて子供時代の暗闇に愛された幸せな充足時間へタイムスリップを求めたに過ぎない。あの懐かしい時代にもう一度帰ってみたいと夢想する。

戦争のさなかのあの忌々《いまいま》しい灯火管制の真っ暗闇の恐ろしい時代でさえ懐かしく思える現在。著者は失われていく闇に対して、人間が自然に大きなダメージを与える「人新世」という新しい語への危機意識のようなものも感じ、「自然の偉大な宝を、私たちは失いつつある」と哀悼の念を込めて語る。

本書を通して、著者は「コウモリ研究者、旅行者、暗闇の友として夜に奉仕してきた」20年の経験を読者とともに共有し、人工の光が、生物の体内時計をいかに乱しているかを明らかにする。本書は文明批評とも読めるが、21世紀のもうひとつの「陰翳礼讃《いんえいらいさん》」の書でもあると思えた。

Johan Eklöf　スウェーデンのコウモリ研究者・作家。光害研究の知見からコンサルタント会社も経営。

評・横尾　忠則　美術家

細部から読みとく西洋美術
めくるめく名作鑑賞100
スージー・ホッジ　中山ゆかり訳
フィルムアート社　2023／12／2

「神は細部に宿る」と誰が言い出したか知らないけれど、一種のアニミズムであらゆる自然界の現象に霊魂の存在を認めるいわゆる精霊崇拝、そんな視点で絵画を見たら今までの景色ががらりと変わるぞ、と言いたい本がこれ。

一枚の絵をバラバラの破片にしてその一片から何が見えるかと、まるで重箱の隅を楊枝《ようじ》でほじくるような、と言ってしまえば、取るに足らないつまらないことをうるさく言うようだが、まあ、そんな部分もなきにしもあらずの内容だ。

さて、本書は中世のジョットからキーファーら今日の現代美術まで名作の一点を、ことごとくバラして「ここがこうだ、あそこがどうだ」と、美術史家、作家、アーティスト、ジャーナリスト、その他マルチプルな肩書のスージー・ホッジさんが、分析、解析する。その面白さは時にスリリングであるが、読者は別にその考えに従う必要もなく「あっ、こんな見方や捉え方、描き方があるのか」と多様な批評的視点に共鳴したり、あきれたりすればいつの間にか本書の虜《とりこ》になって、時には曇っていた目が突然晴れて目から鱗《うろこ》が落ちるという経験や急に物事がよく見えたという体験をして、やっぱり神は細部に宿っていたのだと改めて認識し、自らも美の批評家になっていることに気付いて「あっ、そうなんだ」と思うに違いない。

例えばダビンチのモナリザに眉や、まつ毛がないことに気付いた著者は、このモデルは流行に敏感だったからだとか、修復後に消えてしまったのだとか、顔料が色あせたのだとか、あれこれ想像するが、僕はそうは思わない。ただ単純に最初から描きたくなかっただけのことで、未完のように思わせたかっただけのことだと、こんな風に著者に意見するのも面白い読書体験になるのではないだろうか。

それから切り取られた細部だけを見ていると、絵画は結局抽象の集積だということもわかる。

ポール・ニューマン語る
ありふれた男の驚くべき人生
ポール・ニューマン　品川亮、岩田佳代子訳
早川書房　2024／1／27

1964年、パリのシャンゼリゼ通りの裏通りのホテルの入り口で小さい女の子を連れたポール・ニューマンに遭遇した。咄嗟《とっさ》に「写真を撮らせて」と声を掛けた。「子供と一緒なのでスミマセン」と丁重に断られたが、その態度が実に魅力的だった。

この時の小さい女の子は女優のジョアン・ウッドワードとの最初の子供「ネル」で、彼が映画「栄光への脱出」のイスラエルでの撮影後に、パリへの子連れの旅の途上だったことを本書で初めて知って、あの偶然がまるで奇跡的な幸運に思えた。

そして、もうひとつ。巻末の戸田奈津子さんの解説によると、ポール・ニューマンは一度も来日したことのないハリウッドスターの一人で、彼に会った日本人はそういないようだ。

だからこのことでも少し嬉しい気分になるのかな（笑）。

さて、本題に入ろう。

本書はポールの一人称による自伝である。幼年期、少年期を経て、戦争へ。そして大学生活を通して次第に演劇へ関心を抱き、俳優として映画界へ進出。一方、最初の妻ジャッキーとは、運命によってあらかじめ決められていた結婚と率直に明かすが、やがて不和で別離。その間前述のジョアンと板挟みだったが、彼女への熱情がポールをハリウッドスターの座へと導く原動力になった。

ポールは「いつでも、万事なるようにしかならない」と自分の意志を超えて運命の力に従う。そんな生き方から、時にはエゴさえ否定して、それがかえって彼に幸運をもたらす。

「長く熱い夜」で夫妻を起用したマーティン・リット監督はスターの条件として危険な香りとセックスアピールを挙げ、「ポールは完璧」。また妻のジョアンについても「非の打ちどころのない女性」と評する。

ポールは来世も神秘主義も信じないが、「いずれ、なにもかもが冗談みたいなものだったと判明するのだ」ろうと予知して終わる。

色の秘めたる歴史

75色の物語

カシア・セントクレア　木村高子訳

パイ　インターナショナル　2024／2／10

本書に従って横組みの書評。

75色の色の色々な物語。ジョン・ラスキンは最も純粋で思慮深い精神とは、最も色を愛する精神だと言う。そうか、そんな神のような精神と毎日交流している画家は創造主の下僕かも知れない。

僕にとっての色は赤、青、黄の鮮やかな三原色、つまり光である。ところがこの鮮やかな色に意を異にするのはゲーテ。彼は「野蛮な民族、教養のない人間、それに子どもはあざやかな色をおおいに好む」と言う。では鮮やかな色を好むピカソ、マチス、ミロ、シャガールは野蛮で無教養なのか？　子どものような純粋無垢な精神を創造の核とする芸術家のインフ

評者の意向で、ビジュアルと言葉を組み合わせた書評です。

あざやかな色 批判したゲーテ

色の秘めたる歴史　75色の物語

カシア・セントクレア〈著〉　木村高子訳　パイ インターナショナル　2530円 ㊞

本書に従って縦組みの書評。

75色の色々な物語。

ジョン・ラスキンは最も純粋で思慮深い精神とは、最も色を愛する精神だと言う。そうか、そんな神のような精神と毎日交流している画家は創造主の下僕かも知れない。

僕にとっての色は赤、青、黄の鮮やかな三原色、つまり光である。ところがこの鮮やかな色に意を異にするのはゲーテ。彼は「野蛮な民族、教養のない人間、それに子どもはあざやかな色をおおいに好む」と言う。では鮮やかな色を好むピカソ、マチス、ミロ、シャガールは野蛮で無教養なのか？　子どものような純粋無垢な精神を創造の核とする芸術家のインファンテリズム＝幼児性こそ、天才の証明ではなかったか。

僕は先天的な色音痴でゲーテ好みの色が使えない画家である。だが、ゲーテの「あざやか」でない色はターナーの言う「色の欠如」した色のことなのだろうか。セザンヌのあのくすんだ色でさえ、よく見ると原色の混合色から生じた色である。

さらに言わせてもらえばオフセット原色印刷の色は赤、黄、青に黒を加えた四原色から成っている。ゲーテの言う野蛮で子どもっぽい教養のない「あざやかな」色こそ、色の基本的原理を構成しているのではないのか？

本書によると、赤は死につながりを持つ色だけれど、アテネオリンピックで赤いユニフォームを着た格闘技選手の勝率は55%。

では青は？　聖母マリアの栄光の象徴かと思うと、野蛮と下品の色でもあるという（これを知ったゲーテのほころぶ顔が浮かぶが…）。

黄色は？　病気の暗示を意味したり、ゴシップ記事を「イエロー・ジャーナリズム」と揶揄したりする一方、高貴な色、平和と知恵の象徴とも。

原色（あざやかな色）の効用を並べてゲーテにからんでみたけれど、これも色の秘めたる物語であろうか。

評・横尾忠則　美術家

Kassia St Clair　英の作家、エッセイスト。「エル・デコレーション」誌などで連載を持つ。

アンテリズム＝幼児性こそ、天才の証明ではなかったか。

僕は先天的な色音痴でゲーテ好みの色が使えない画家である。だが、ゲーテの「あざやか」でない色はターナーの言う「色の欠如」した色のことなのだろうか。セザンヌのあのくすんだ色でさえ、よく見ると原色の混合色から生じた色である。

さらに言わせてもらえればオフセット原色印刷の色は赤、黄、青に黒を加えた四原色から成っている。ゲーテの言う野蛮で子どもっぽい教養のない「あざやかな」色こそ、色の基本的原理を構成しているのではないのか？

本書によると、赤は死につながりを持つ色だけれど、アテネオリンピックで赤いユニフォームを着た格闘技選手の勝率は55％。

では青は？　聖母マリアの栄光の象徴かと思うと、野蛮と下品の色でもあるという（これを知ったゲーテのほころぶ顔が浮かぶが……）。

黄色は？　病気の暗示を意味したり、ゴシップ記事を「イエロー・ジャーナリズム」と揶揄したりする一方、高貴な色、平和と知恵の象徴とも。

原色（あざやかな色）の効用を並べてゲーテにからんでみたけれど、これも色の秘めたる物語であろうか。

チャップリンとアヴァンギャルド

大野裕之

青土社　2024／3／2

チャップリンは現代史において最も重要な人物でありながら芸術家として映画監督として、演出や脚本について論じられることがほとんどない。「古臭い映画技法」と言われたり「いつまでも古びない傑作」と持ち上げられたりと「ノスタルジーの対象」として安直に消費され、実際はアヴァンギャルド芸術などの最先端アートに強烈な影響を与えた一人のアーティストとして捉え直そうとされないことから、著者は不満を抱く。

だけどチャップリンの自作自演による映画の存在そのものに対して、それを評価するアヴァンギャルド芸術家はいちいち、演出、脚本、音楽、ダンス、演技と各パーツに分離して考えているわけではない。チャップリンの評価から仮に演出や脚本が抜け落ちていたとしても、アヴァンギャルド芸術家は多義的な表現をざっくりそのまま肉体的に捉えているので、演出や脚本が論じられないことはさほど気にならないのではないでしょうか。

チャップリンの演出や演技といった肉体的表現だけでなく、無声だろうとトーキーだろうとおかまいなしの思考も感性も知性も霊性も、時には間抜けな部分や呆《ほう》けた部分もひっくるめてのチャップリンなのである。これこそアヴァンギャルドであると認めた芸術家であるなら、彼を肯定する全て、あのチョビヒゲも山高帽もステッキもドタ靴も、たとえ著者が気付かず無視したものでさえも、肉体的表現としての芸術であって、偏屈な人嫌いそのものもアヴァンギャルド。彼の最も愛する大道芸人と母親の影響が全てで、演出、脚本の評価など問題外なんじゃないかな？

評者の意向で、チャップリンをイメージしたビジュアルを採り入れた書評です。

大道芸人と母親の影響こそ全て

チャップリンとアヴァンギャルド

大野 裕之〈著〉

青土社 2640円 ㊫

チャップリンは現代史において最も重要な人物でありながら芸術家として映画監督として、演出や脚本について論じられることがほとんどない。「古臭い映画技法」と言われたり「いつまでも古びない傑作」と持ち上げられたりと「ノスタルジーの対象」として安直に消費され、実際はアヴァンギャルド芸術などの最先端アートに強烈な影響を与えた一人のアーティストとして捉え直そうとされないことから、著者は不満を抱く。

だけどチャップリンの自作自演による映画の存在そのものに対して、それを評価するアヴァンギャルド芸術家はいちいち、演出、脚本、音楽、ダンス、演技と各パーツに分離して考えているわけではない。チャップリンの評価から仮に演出や脚本が抜け落ちていたとしても、アヴァンギャルド芸術家は多義的な表現をざっくりそのまま肉体的に捉えているので、演出や脚本が論じられないことはさほど気にならないのではないでしょうか。

チャップリンの演出や演技といった肉体的表現だけでなく、無声だろうとトーキーだろうとおかまいなしの思考も感性も知性も霊性も、時には間抜けな部分や呆《ほう》けた部分もひっくるめてのチャップリンなのである。これこそアヴァンギャルドであると認めた芸術家であるなら、彼を肯定する全て、あのチョビひげも山高帽もステッキもドタ靴も、たとえ著者が気付かず無視したものでさえも、肉体的表現としての芸術であって、偏屈な人嫌いそのものもアヴァンギャルド。彼の最も愛する大道芸人と母親の影響が全てで、演出、脚本の評価など問題外なんじゃないかな?

評・横尾 忠則 美術家

おおの・ひろゆき 74年生まれ。脚本家、演出家。日本チャップリン協会会長。著書に『チャップリンとヒトラー』。

乱歩殺人事件
「悪霊」ふたたび
芦辺拓　江戸川乱歩
KADOKAWA　2024／3／23

江戸川乱歩《えどがわらんぽ》の戦慄的《せんりつてき》で奇妙奇天烈不可思議《きみようきてれつふかしぎ》、驚嘆《きようたん》すべき物語《ものがたり》の登場《とうじよう》！　乱歩不安《らんぽふあん》（ファンでした）はこの大探偵小説《だいたんていしようせつ》を鶴首《かくしゆ》して待《ま》たれよ、とのお告《つ》げに欣喜雀躍《きんきじやくやく》。だが唖然《あぜん》。突然《とつぜん》の連載中断《れんさいちゆうだん》。アレレ、遂《つい》に締切間《しめきりま》に合《あ》わず？　レレレ。「又《また》か！」と云《い》わないで下《くだ》さい。必《かなら》ず次《じ》号《ごう》を待《ま》たれよ！

読者諸君《どくしやしよくん》に喜《よろこ》ばしい報告《ほうこく》。今度《こんど》こそいよいよ氏《し》が重《おも》い腰《こし》を上《あ》げた。期《き》して待《ま》たれよ。ことにわが乱歩《らんぽ》の出陣《しゆつじん》は日本全読者《にほんぜんどくしや》が固唾《かたず》を飲《の》んで待構《まちかま》えてゐるもの。阿《あ》Q。この瞬間《しゆんかん》にも心臓《しんぞう》がどきついて来《き》たぞ。同病相憐《どうびようあいあわ》れむ。何《なに》をか言《い》わんや！

江戸川乱歩《えどがわらんぽ》「悪霊《あくりよう》」。眠《ねむ》れる獅子《しし》、突如沈黙《とつじよちんもく》を破《やぶ》る！果然《かぜん》・俄然《がぜん》・断然《だんぜん》・凄然《せいぜん》‼しかしあろう事《こと》か。遂《つい》にダビンチのモナリザの如《ごと》く未完《みかん》。従《したが》って我《わ》が書評《しょひょう》も未完《みかん》。

未亡人の密室殺人と怪しい降霊会を軸にした「悪霊」は、雑誌「新青年」で発表された。乱歩は掲載延期や休載を重ねた末「探偵小説的情熱を呼び起《おこ》し得ず」と宣言し筆を折った。その「悪霊」を現代の探偵作家である芦辺拓氏が書き継いだのが本書である。

横尾さんは「悪霊」本文のような総ルビで、当時の新青年の広告を思わせる冒頭の評を書いた。しかしこちらも「悪霊」のように未完。後は担当編集者の私に託すとあった。本書の構造に着目し、同様の試みで評そうという横尾さんの意図。ならば私が書き継がねばなるまい——。

ポーの「灯台」など未完小説を後の作家が書き継いだ例はあるが、本書はさらに乱歩の宣言の裏にある「中断せざるを得なかった真の理由」にまで踏み込み推理する。そのために芦辺氏は本書後半で連載当時の乱歩を登場させ彼の身に何が起こったのかをつづる。

殺人現場に残された奇妙な記号、真犯人、未完の理由。90年前に乱歩が残した謎を偏執狂的に回収していく芦辺氏の筆には、巨匠への愛がにじむ。

（前半の太字部分：著者、後半：朝日新聞社の担当者〈当時〉の書評）

つげ義春が語る　旅と隠遁

つげ義春

筑摩書房　2024／5／25

他人の夢は面白くないけれど、自分の夢は面白いと思う。だから僕の夢は面白くないと人に言われても納得できる。つげさんに言わせると、夢は整理するものではない。と言いながら、本書にあるつげさんの語りは隙がないほど見事に整理されている。つげさんは無分別な生き方を語りながら、その実体はなぜか分別臭い。まあ、そこが面白いのかも知れないけど。

つげさんは目立った存在になりたくない。有名にも偉くもなりたくない。賞もいらない、隠遁生活を理想として、経済生活ができれば本分であるマンガも描きたくないという。どこか私小説的な生き方に見えるが、家庭を壊してまでの芸術至上主義は否定する。

だけど、ファンの中のヤセガマンを美徳としているような人たちにはつげさんはスター的な存在である。でもそうでない人にとっては人間不在を感じてしまう。

そんなつげさんはどこか仏教的世界観の人で、低俗な人々と違って毅然とした高い理想を求める孤高の旅人のように映る。主観を排して意味づけをしない、あるがままな、夢の中の自分は無我であるように、真の自分を生きていることを実感し、昼間の我に支配された個人ではなく、自我を滅却した個としての普遍的な世界こそが自分のテリトリィらしい。

そんなつげさんはなりゆきまかせ、人まかせ、あるがまま、意味づけなどしない、運命の他動的な力に従って無理をしない。がんばって努力などしない、白黒をつけたがる知性と感覚を肯定する今日的世界観の人間とは自分は違う。人里離れた洞窟ではなく市井の中にひっそりと住む令和の仙人？

にもかかわらずなぜか神経がまいってしまっている。こういう人は生きながら死を内包している人で、輪廻の輪から離脱したいと憧れる不退転者を妄想するらしい。こういう人にはこの現世が虚の世界に映ってもおかしくないんだろうなあ。

世界ぐるぐる怪異紀行
どうして〝わからないもの〟はこわいの？
奥野克巳（監修も）　川口幸大　イリナ・グリゴレ　近藤宏
平野智佳子　福井栄二郎　藤原潤子　古川不可知　村津蘭
河出書房新社　2024／6／29

文化人類学者たちが世界の各地を訪れ、直接観察や聞き取り調査などを行い、その土地の怪異に自らも触れたフィールドワークの体験談。その内容は死にまつわるアンソロジーで、本書を監修した奥野克巳氏は少年時代、自宅のベッドで寝ている時、突然何者かが体の上に乗ってきた驚きのあまり、恐怖におののいたなど数々の怪異現象を体験している。それを踏まえて奥野氏は文化人類学者に？　無関係でもなさそうだ。

実は僕も怪異現象の体験者である。僕の場合はその経験を学問としてとらえずに創造の領域で無意識に活用してきたのかも知れない。

本書には「呪術」という言葉が頻繁に出てくる。パリやニューヨークや東京の都市伝説的

◇横尾忠則さんがビジュアルと言葉を組み合わせて制作した書評です。

科学万能の時代 その陰には…

世界ぐるぐる怪異紀行 どうして“わからないもの”はこわいの？

奥野 克巳（監修も）、川口 幸大、イリナ・グリゴレ、近藤 宏、平野 智佳子、福井 栄二郎、藤原 潤子、古川 不可知、村津 蘭〈著〉

河出書房新社 1562円

おくの・かつみ 文化人類学者、立教大異文化コミュニケーション学部教授。『はじめての人類学』など。

文化人類学者たちが世界の各地を訪れ、直接観察や聞き取り調査などを行い、その土地の怪異に自らも触れたフィールドワークの体験談。

その内容は死にまつわるアンソロジーで、本書を監修した奥野克巳氏は少年時代、自宅のベッドで寝ている時、突然何者かが体の上に乗ってきた驚きのあまり、恐怖におののいたなど数々の怪異現象を体験している。それを踏まえて奥野氏は文化人類学者に？ 無関係でもなさそうだ。

実は僕も怪異現象の体験者である。僕の場合はその経験を学問としてとらえずに創造の領域で無意識に活用してきたのかも知れない。

本書には「呪術」という言葉が頻繁に出てくる。パリやニューヨークや東京の都市伝説的なことではなく、本書に登場する土地はネパールやパナマやオーストラリアやボルネオ島、聞いたことのない南方の島の原始社会が舞台だったりする。

そこで思い出したことだが、ある時、僕が発した言葉が、もしこの原始社会であったら、呪術として何の不思議もなく受け入れられただろうというようなことがあった。それは次のような出来事であった。

ホノルルの空港で見送りに来た現地の日本人が、こともあろうに「この飛行機は墜《お》ちますよ」と呪いの言葉を発した。それに対して僕は「あなたこそ気をつけて下さい。車の事故に！」と相手に返し、機上の人になった。が、成田空港で、その人が帰路、大事故を起こしたことを知った。

本書ではこうした呪術的な事故、事件が日常の中で何の不思議もなく起こり続けているのである。そのような背後には、「精霊や悪魔や魔女などに対する」考え方などがあり、まことしやかに怪異現象と関わっている。僕のホノルルの件にしても、何かが作用したということになるのかもしれない。

それにしても科学万能の時代に？ だけど事実は怪異なんだ。

評・横尾 忠則 美術家

なことではなく、本書に登場する土地はネパールやパナマやオーストラリアやボルネオ島、聞いたことのない南方の島の原始社会が舞台だったりする。

そこで思い出したことだが、ある時、僕が発した言葉が、もしこの原始社会であったら、呪術として何の不思議もなく受け入れられただろうというようなことがあった。それは次のような出来事であった。

ホノルルの空港で見送りに来た現地の日本人が、こともあろうに「この飛行機は墜ちますよ」と呪いの言葉を発した。それに対して僕は「あなたこそ気をつけて下さい。車の事故に！」と相手に返し、機上の人になった。が、成田空港で、その人が帰路、大事故を起こしたことを知った。

本書ではこうした呪術的な事故、事件が日常の中で何の不思議もなく起こり続けているのである。そのような背後には、「精霊や悪魔や魔女などに対する」考え方などがあり、まことしやかに怪異現象と関わっている。僕のホノルルの件にしても、何かが作用したということになるのかもしれない。

それにしても科学万能の時代に？　だけど事実は怪異なんだ。

運
ドン・キホーテ創業者「最強の遺言」
安田隆夫
文春新書　2024／8／10

あのセルバンテスの書いた「ドン・キホーテ」が如何なる運の力によって、あの能天気なサンチョ・パンサと空想世界を自由に駆け巡りながら運を如何に手なずけてきたか、手ぐすねを引いて本を開いた。

ウン?!　あの世界の名作「ドン・キホーテ」ではなく、「驚《きょう》安《やす》の殿堂　ドン・キホーテ」?!　何じゃコレ?!　無一文から一代で2兆円規模の企業をつくり上げた「大成功経営者」の一人勝ちの運の物語ではないですか。著者は成功の要因は「運」の存在以外には考えられないと断言される。

経営のことはわからんが、運には大いに興味がある。才能と技術だけでは切り抜けられないのが人生だ。一歩下がって経営の神様の運哲学に耳をすますことから運が開けるやも知れない。

運とは不運を一挙に幸運に変える力のことである。運には幸運と不運が交差していて、不運時には下手に動かず、チャンスが巡ってきたら一点突破！

アレッ、どこかで聞いた話だと思ったら、あの能楽者の世阿弥の「風姿花伝」ではないですか。世阿弥は時の推移を「男時《おどき》」「女時《めどき》」と名づけた。男時とは運が上昇時、下降運の時を女時と呼んでいる。

本書の著者は運は不確かで、広大無辺な宇宙のようなものと例える。だから、人々は「人智の及ばない致し方ないもの」として考えることを放棄してしまう。そして、大抵の人は不運時にあせってエネルギーを消耗させる。

女時の時は浪費したり、美的生活と勉学に励みながら、チャンス到来を待てばいい。著者は良運を招く最も効果的な方法として、周囲の人々に興味を持ち、優しさと共感を大切にと主張する。本書は経営の書と同時に、創造と生き方の哲学の書でもある。

ちなみに、僕はどんな時でも攻めたり引いたりはしない。単に運任せ。優柔不断な運命論者であります。

猫社会学、はじめます
どうして猫は私たちにとって特別な存在となったのか？
赤川学〈編著〉　柄本三代子　斎藤環　出口剛司　新島典子　秦美香子
筑摩書房　2024／8／17

妻の友人からもらった猫が死んで、3年間も「死んだように生き」る悲惨な日々が続き、「早くあの世に行って」猫に会いたいと口走るほどの哀れな猫ロスを経験した社会学者が、仲間の社会学者に呼びかけて「猫社会学」を立ち上げたというのが本書を上梓した直接の動機であるらしい。

猫社会学というのは、猫が「家族」の一員になったのはいつからなのかをサザエさんから読み解いてみたり、人間が猫カフェから何を得ているのか分析してみたり、猫好きには興味深い。

僕は子供の頃から今日まで猫との共生が続いており、何十匹もの猫が鬼籍に入った経験がある。ある日、猫嫌いの何者かによって食べ物に毒を盛られ、２匹の猫が同じ日に亡くなり、幼心に深い傷を負わされたことがあった。数年前には交通事故で内臓が破裂したにもかかわらず、這って家にたどり着き、安心した表情を浮かべて息を引き取った猫もいた。猫の数だけ猫を看取ってきた。

そして、猫との死別は猫が人間に与えた人間の魂の成長のための猫の役割のひとつではないのかと考えるようになった。

また、猫は僕にとっての生活必需品でもあるが、このことは猫の側からも同様、人間を自らの生活の必需品と考え、人も猫もお互いに共生相手を自らの下僕と思っているところが実に面白い。

さらに猫は芸術家にとって霊感の源泉でありミューズである。猫のマイペースなわがまま、犬のように人に媚《こ》びない、自己中心的な気ままで自由な振るまい。目的も計画も結果も無視した無分別な行動と遊び。そして自らの死を予知する、人間の失った原始の予知能力。死期を知覚するとプイと家出するその死に対する礼節。

芸術家の必須条件を全て兼ね備えた猫の存在そのものが芸術の魔力であり、僕にとっては猫を通して自らの死と向き合う哲学的存在でもある。とかニャンとか言っちゃって。

病気であって病気じゃない

尾久守侑

金原出版　2024／8／31

「病気であって病気じゃない」とは、どうも自分のことではないか、と思う人は結構多いんじゃないでしょうか。僕はてっきり自分のことだと思って読みました。というのは僕の病気は「病院病」で、病院に通うのがほとんど習慣化していて芸術同様、妄想的遊戯性に支配されています。

しかし、本書を読み始めた読者はまもなく不思議な観念の世界に迷い込む自分に気づき、ヤバイ、もしや自分は病気なのか、そうじゃないのか、どっちや、と自ら疑い始めて、その足で病院に駆け込んだ人もいるのではないでしょうか。そして医師から、「あなたは病人です。もしかしたら病的精神状態では」と判断されかねません。常識的には精神疾患というものは存在するというのです。

いくら「病気であって病気じゃない」と思っても、精神科の医師に診てもらうのは少しためらいますね（著者は精神科の医師ですが）。本書の読者の大半は「病気であって病気じゃない」と半ば信じている人だと思います。僕がそうです。

僕は本書を読みながらだんだんわからなくなってくるのです。医師から見る病人らしい人はきっと面白い対象でしょう。そこで病人らしい自分は理性を取り戻さなければ、精神に問題ありと判断される。一刻も早く本を閉じて医師の観念の妄想から脱却しなきゃという危機感にとらわれ始めます。一般読者は、次第にこの本がゴチャゴチャしたわけのわからない本に見えてきたと思います。

それもそのはず。「そうか」と最後の最後に、実は本書は一般読者の特に患者さんを対象にした本ではなく、精神医学や心理学などに興味のある人向けの学術書だったというのです。だから「病気であって病気じゃない」一般人は読まない方が安全でしょうね。

と、ここまで読んだとき、僕はふと「病気じゃなくて、病気である」と思い、書評の天地を転倒させてみたくなってしまった。

病気じゃなくて 病気である

◇この書評は横尾忠則さんによるアート作品です。

病気であって病気じゃない

尾久 守侑〈著〉

金原出版　3300円

「病気であって病気じゃない」とは、どうも自分のことではないか、と思う人は結構多いんじゃないでしょうか。僕はてっきり自分のことだと思って読みました。というのは僕の病気は「病院病」で、病院に通うのがほとんど習慣化していて芸術同様、妄想的遊戯性に支配されています。

　しかし、本書を読み始めた読者はまもなく不思議な観念の世界に迷い込む自分に気づき、ヤバイ、もしや自分は病気なのか、そうじゃないのか、どっちや、と自ら疑い始めて、その足で病院に駆け込んだ人もいるのではないでしょうか。そして医師から、「あなたは病人です。もしかしたら病的精神状態では」と判断されかねません。常識的には精神疾患というものは存在するというのです。

　いくら「病気であって病気じゃない」と思っても、精神科の医師に診てもらうのは少しためらいますね（著者は精神科の医師ですが）。本書の読者の大半は「病気であって病気じゃない」と半ば信じている人だと思います。僕がそうです。

　僕は本書を読みながらだんだんわからなくなってくるのです。医師から見る病人らしい人はきっと面白い対象でしょう。そこで病人らしい自分は理性を取り戻さなければ、精神に問題ありと判断される。一刻も早く本を閉じて医師の観念の妄想から脱却しなきゃという危機感にとらわれ始めます。一般読者は、次第にこの本がゴチャゴチャしたわけのわからない本に見えてきたと思います。

　それもそのはず。「そうか」と最後の最後に、実は本書は一般読者の特に患者さんを対象にした本ではなく、精神医学や心理学などに興味のある人向けの学術書だったというのです。だから「病気であって病気じゃない」一般人は読まない方が安全でしょうね。

　と、ここまで読んだとき、僕はふと「病気じゃなくて、病気である」と思い、書評の天地を転倒させてみたくなってしまった。

評・横尾　忠則　美術家

おぎゅう・かみゆ　89年生まれ。精神科医、詩人。著書に『偽者論』『倫理的なサイコパス』など。

最後に、絵を語る。
奇想の美術史家の特別講義
辻惟雄
集英社　2024／9／14

この半世紀は『奇想の系譜』の出現で日本絵画史の系譜は根底から掻き廻されて、従来の狩野元信、探幽《たんゆう》、円山応挙は過去（笑）の人として、若冲、蕭白はまるで現代美術と同格に肩を並べているかのようなメディアの暴走。そんなオブセッションに翻弄された私は蕭白の「寒山拾得」を「寒山百得」に捩《もじ》って百点も描いた途端、蕭白を見るのも聞くのも嫌、完全に飽きてしまいました。

そんな奇想現象の張本人は美術史家の辻惟雄先生であります。その辻先生がですよ、手の平を返して奇想から正統へ！

師弟関係の山下裕二さんは本書の出現に「やまと絵、狩野派、円山応挙、まるで、『奇想じゃない系譜』ではありませんか」と師に噛みついたかどうかは知らないけれど、山下さんは驚嘆！したのは確かであります。この山下さんの一言は私にも連鎖、でも私は驚きはしません。辻先生が目を覚まされたとも思いません。奇想の系列が日本絵画史の文脈で正統派に対して異端の画家にされていることに辻先生はこんな画家もいるよ、と「奇想」とネーミングされたことがえらい事件を巻き起こしたに過ぎず、辻先生はだからと言って正統派を否定されたわけでもなく、異端にあのびっくりする「奇想」という耳慣れない言葉をつけられた。その言霊が爆発的な威力を持ってしまって辻先生も引っ込みがつかなくなっただけのことです。

そんな辻先生が本書で真逆の正統派を紹介したために山下さんが驚愕。辻先生はこんなのもいるよと軽く本書で正統派の存在も忘れないで！とおっしゃっているだけのこと。そんな正統派の中で私は芦雪と「かるかや」という16世紀に素人が描いた絵に腰を抜かして、正統派こそ「奇想」だ！と思わず叫びそうになったのです（本書の図版を参照して下さい）。輪廻転生は人間界だけでなく美術界にもありました。また私の絵も変わりそう。

ふしぎな鏡《かがみ》をさがせ

キム・チェリン〈作〉　イ・ソヨン〈絵〉　カン・バンファ訳

小学館　2024／10／26

画面に鏡の破片をベタベタ張りつけたり、左右逆の鏡文字を絵の中に描き入れた作品に熱中した時期があったので、この鏡について書いた綺麗な絵入りの本に何となく惹かれてしまったのです。

この物語の主人公はぼくという子供だけれど、おじいちゃんがぼくにたのんで鏡の国へ行くことができる不思議な鏡を捜すところから始まります。

おじいちゃんは異界の魔法使いで、この世界とうりふたつの世界がどこかにあるらしく、まあパラレルの世界のことだと思うけれど、おじいちゃんは鏡の向こうの世界から来たというのです。

◇この書評は横尾忠則さんによるアート作品です。鏡を使ってご覧ください。

ふしぎな鏡のちから

キム・チェリン〈作〉　イ・ソヨン〈絵〉

カン・バンファ訳　小学館　1980円

Kim Chaelin　韓国の作家。Lee Soyoung　韓国を拠点の絵本作家。

評・横尾忠則　美術家

「わしはもともと、あっちの世界でくらしてたのさ。おまえに会いにこっちへ来たんだよ」といって、もう一度そこへ行かなければならないから、そのためのアイテムが鏡だというのです。

そこからこの本の物語が始まるのだが、われわれ、この知の世界こそが世界だと思っている大人にとっては、この子供向けの本が逆に難解に思えるのです。この本を本当に理解したいのなら、子供に戻らないと、読者になる資格がないいんじゃないかと思うんですが、如何でしょうか。

本書の帯には小学校中学年から大人まで、と書いてあって、「探究&自由研究のヒントがいっぱい！」と。鏡のふしぎを〝やってみて〟とき明かす科学冒険物語らしいが、科学にうとい僕はチンプンカンプン。総力を挙げてわがインファンテリズムを動員したがブロックされたまま。

つまりこの本は、頭や手をはたらかせ、動かして謎を解きながら、それでもいっこうに前進しないのであります。でもここには神話や童話や算数と科学、絵画工作まであって、自然に知識、教養が身につくという一冊であるらしい。そこで文中からの言葉を拾い集めてコラージュにしてみた。いっそのこと、左右逆転鏡文字で鏡に映して読むのも如何なものでしょうか。

透明マントのつくり方
究極の〝不可視〟の物理学
グレゴリー・J・グバー　水谷淳訳
文藝春秋　2024／11／9

透明マントなんてSF小説の世界だと思っていたら「あなたももうすぐ透明になれるかも?」と不可視現象が夢でもないようだ。「透明マントがもうすぐ実現!?」「不可視の科学史をSFと絡めて紐《ひも》解《と》く、唯一無二の一冊だ!」と煽り、最近の科学はその実現に近づいている、と。

不可視を追求した物理学とSFの歴史を語りながら進む科学者の理論は、科学音痴の僕にはかなり難解だが、透明マントを作ってくれるなら大歓迎だ。

このような不可視現象を煽った張本人はSF作家らしいが、SFはあくまでフィクションだ。現実に透明化がいったいどこまで現実化しているのかは、本書ではわかったようでわからない。理論的には可能らしいが、実用化となると??

ここで話を変えるが、実はこんな事件があったとされることをこの著者はご存じだろうか。第二次世界大戦中にフィラデルフィアで行われた、アメリカ海軍による艦船のステルス（透明化）実験を。

1943年、フィラデルフィアのドックで統一場理論の実験が行われ、駆逐艦エルドリッジが透明化され、360キロ先にあるバージニア州のノーフォークのドックへ瞬間移動をしたというのだ。この事件は当時の新聞でも報じられたというくらいである。

実験と同時に緑色の光が現れ、船影全体が黄色く蜃気楼のように歪み、約60秒後にレーダーから船影が消失したが、船内の乗組員は多大な被害を被り、死者、行方不明者が続出。精神的ダメージを受けた者もおり、軍はこの実験を軍事機密として封印してしまったという。

他にもUFOコンタクティがUFOの乗員から明かされた空中での機体の透明化は、空気のイオン化現象によるとも。これらをトンデモ情報と決めつけず、真摯に取り組むことで、フィクションが突然現実化するやもしれない。

▼横尾忠則さんがアートで表現した書評です。次ページで掲載のねらいを説明しています。

「透明化」は実現可能なのか?

透明マントのつくり方 究極の〝不可視〟の物理学

グレゴリー・J・グバー〈著〉

水谷淳訳　文芸春秋　2530円

Gregory J. Gbur 米ノースカロライナ大シャーロット校物理学・光科学教授。

透明マントなんてSF小説の世界だと思っていたら「あなたももうすぐ透明になれるかも?」と不可視化現象が夢でもないようだ。「透明マントがもうすぐ実現!?」「不可視の科学史をSFと絡めて紐解《ひもと》く、唯一無二の一冊だ!」と煽《あお》り、最近の科学はその実現に近づいている、と。

不可視を追求した物理学とSFの歴史を語りながら進む科学者の理論は、科学音痴の僕にはかなり難解だが、透明マントを作ってくれるなら大歓迎だ。

このような不可視現象を煽った張本人はSF作家らしいが、SFはあく

実はこんな事件があったとされることをこの著者はご存じだろうか。第二次世界大戦中にフィラデルフィアで行われた、アメリカ海軍による艦船のステルス(透明化)実験を。

1943年、フィラデルフィアのドックで統一場理論の実験が行われ、駆逐艦エルドリッジが透明化され、360㌔先にあるバージニア州ノーフォークのドックへ瞬間移動をしたというのだ。この事件は当時の新聞でも報じられたというくらいである。

実験と同時に緑色の光が現れ、船影全体が黄色く蜃気楼《しんきろう》のように歪《ゆが》み、約60秒後にレーダーから船影が消失したが、船内の乗組員は多大な被害を

明かされた空中での機体の透明化は、空気のイオン化現象によるとも。これらをトンデモ情報と決めつけず、真摯《しんし》に取り組むことで、フィクションが突然現実化するやもしれない。

評・横尾　忠則
美術家

日記の練習
くどうれいん
NHK出版　2024／11／23

11月23日

僕の日記のキャリアは１９７０年からだから、この著者の日記よりはるかに年季が入っている。何しろ54年間続いているんだから。どうだ、まいったか。ワッハッハッ。

11月24日

この日は明日でまだ未来だ。「おもしろいから書くのではない、書いているからどんどんおもしろいことが増えるのだ」とは本書の著者の弁。そこはやっぱりこの人は作家なのかもしれない。彼女の日記は「練習」と「本番」がある。なぜ練習が必要?

11月25日

人生に練習などない。人生は全て本番だ。作家は日記を創作するのか？　画家は作品を分別しない。無分別だ。日記は愚者になることで、賢者になることではない。

11月26日

この著者はくどうれいんというエッセイや絵本を書く人だそうだ。この人が面白いのか日記が面白いのか、どっちでもいいけれど、彼女の日記は確かに面白い。「日記の本番」は「日記の練習」が終わった最後の日に書くらしい。「練習」と「本番」も88歳の老齢者には、あまりにも子供のままで逆に難解だけれど、若者の幼児性と老人の幼児性とは、頭脳性と肉体性の違いがあることに気づく。

11月27日

今日はまだ未来で何が起こるかは誰も知らないが、僕はたぶんアトリエに来て、絵を描いているだろう。もしかしたら、くどうれいんの日記のような絵を描くかもしれない。僕の絵にはサイン代わりに日付を書いている。絵日記である。

11月28日

本書でこの日のくどうれいんは、打合せのためにフレンチカフェに入って注文をすると、隣に座る担当編集が「とんび」と突然言う。

11月29日

このあとも「日記の練習」は続く。

3月31日

4カ月後、日記は今日で終わった。仕事で書いた日記だった。

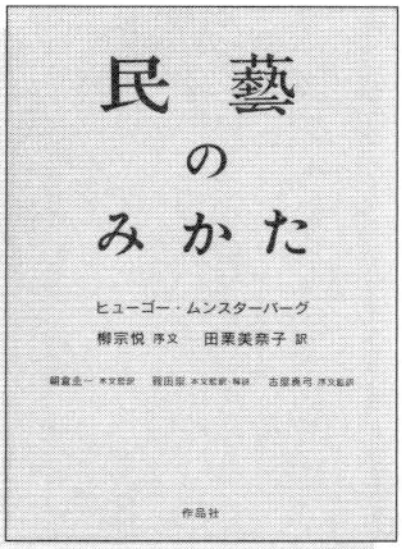

民藝のみかた
ヒューゴー・ムンスターバーグ　柳宗悦序文　田栗美奈子訳
朝倉圭一本文監訳　鞍田崇本文監訳・解説　古屋真弓序文監訳
作品社　2024／12／14

今日の現代美術ブームの背景には、作家の署名を必要とする自我表現としての個人主義があるように思える。

僕が大衆芸術と呼ばれるグラフィックデザインを起点とした１９６０年代はモダニズムの台頭する時代で、僕が地方で幼年時代を過ごした頃は土俗的産物として民藝が生活環境を支配していたように思えた。

民藝もグラフィックも大衆という同根を源流にしていたにもかかわらず、近代デザインを確立するためには民藝はどことなくうさん臭く、この時代から排除されており、土俗的環境からいきなり西洋近代主義に洗脳されたために、僕の内部の民藝的土俗性を追放せざるを得なかった。が、わずかに残った土俗的尾骶骨《びていこつ》によって、あの時代の僕の演劇ポスターが生まれた。

さて、その時代に民藝がすたれかけた理由は、有名性を否定し、あくまで実用を目的として芸術的な試みを無視したからだ。

本書の著者が言うように「都市文明の本流から切り離された」ものとして、モダニズムの日陰でそっと静かに、存在していたのである。

今日の現代美術が観念と言語によるコンセプチュアル全盛なのに対して民藝は、むしろ霊性への覚醒をうながしているように思えるのは、無知愚鈍な魂の発露したものと思えるからだ。霊性の覚醒は知性の否定から生じるものである。つまり知性は霊性を容易に目覚めさせる障害になっているのではないか。

民藝作家の濱田庄司は作品に署名を入れない。彼は個人としての才能を表現することには興味がない。従って芸術家というより職人と考えている。そして彼の作品は抽象表現主義に先行する無作為によって、今日の現代美術にない、もっと言えば現代美術が無視している民藝の根である人間の魂を反映している霊性、それによって現代美術の先に立ったのではないだろうか。

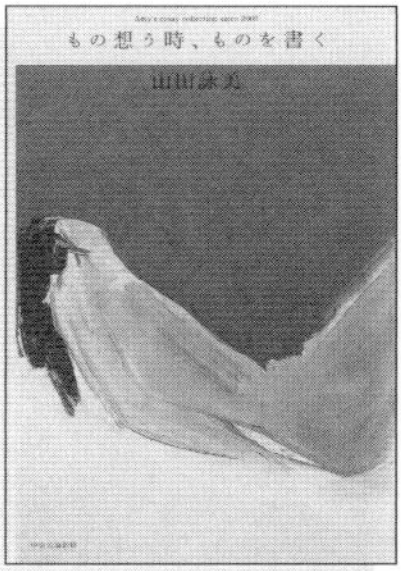

もの想う時、ものを書く
Amy's essay collection since 2000
山田詠美
中央公論新社　2025／1／11

賀正

詠美さんはもの想う時ものを書きます。考える時ではなく想う時です。考えは脳、想いは肉体の働きです。僕は考えると言葉に妨害されます。だから、絵を描く時は脳の観念と言葉を封印します。

そのためにこの本を、踊るように、歌うように、絵を描くように、死者が霊になったように、パッと飛び込んだところから読みます。言葉を断ち切るように言葉に執着しないように、時には目をつぶって読みました。言葉への反逆が絵です。言葉を神にした人は死とともに空しくなります。

詠美さんが三歳の時に父親は彼女を米櫃《こめびつ》の中にほうり込んで少しの食べ物を与えて仕事に行きました。米櫃から頭だけを出して外界を眺めているという三歳児の詠美ちゃんがその後直木賞作家に。米櫃のせいか、食物の話が次から次へと出てきます。言葉を発する口に食物が埋め込まれて、それが悲鳴になって、「ホッピー!!」と叫んでいました。

言葉の達人、例えば詩人は言葉の洪水を断ち切れず、人生の応援歌みたいな言葉を発して人気を博しますが、詠美さんはそんな言葉は発しません。時には悲鳴のような言葉にならない叫びを上げて目の前の人にグラスの酒をぶちまけ「うるさい!」と怒鳴り返します。これこそが真の言葉です。

話を変えましょう。詠美さんの周辺の人はなぜかよく亡くなります。僕も同じです。詠美さんは宇野千代先生だけでなく河野さんも好き。そんな河野さんが亡くなった。詠美さんと僕の共通点は「死んだ後も魂は生き残る」ので「死後の愉しみ」に心ときめきます。虚無的な唯物論者にはこの際、少しご遠慮いただきましょう。

でも詠美さん、「合掌」はなぜか心を煩わせるのです。それは合掌しながら口の中で無言で仏々仏々《ぶつぶつ》言葉を吐くからですかね。

合掌

小林旭回顧録
マイトガイは死なず
小林旭
文藝春秋　2025／1／25

大抵の人間はただひとつの一元論的な生き方しかできないけれど、この『小林旭回顧録』を語る主人公は、現実と虚構の相対する二元論的世界を難なく当たり前に渡って僕らの世代（二つ違い）を空前絶後の世界に突き落とした。そんな旭がコンサートをするというので飛んで行った。旭と同世代の老若（？）男女が広い会場で、かすれた黄色い声を舞台上で今なお黒髪ふさふさの旭に乱射する。

往年の裕次郎と人気を二分した、旭の民謡がルーツというあのカン高い「アキラ節」に、現実にしか生きてこなかった客席の人間は、生身の旭がまるで天から降臨した「未知との遭遇」のように、完全に魂をアブダクション（拉致）されてしまっている。

旭がクセになった僕は、「絶唱」「『渡り鳥』シリーズ」で共演した浅丘ルリ子を迎えたもう一つのコンサートにも行った。彼女との悲恋は今は昔。楽屋で会った彼女にはもうかつての隙間風は吹いていなかった。

旭のコンサートで語るトークは彼の自伝でもあるが、観客の青春の思い出ともクロスする。旭は「皆さんの思い出を作ってきた責任がある」と言うが、この問題は旭の問題で我々ファンの問題ではない。ファンはむしろこの思い出を永遠化することで人生の心の糧《かて》にしているのである。

裕次郎と人気を二分した空前の映画ブームが去ろうとする時、スターは事業の世界に転向し始め、旭も例外ではなかった。この世界は何やらヤバい実録の世界で旭は危険な塀の上を走ろうとしていた。しかし、この精神的経済的危機的状況を救ったのは、旭夫人の元女優・青山京子の一言だった。そこで旭は自分の本領の俳優と歌手という存在を自覚する。

しかしその愛妻は旭と何匹かの猫を残して一人旅立った。旭の波瀾万丈の人生はこれで終わったわけではない。「マイトガイは死なず」。次のステージを期待する。

コミック・ヘブンへようこそ
パク・ソリョン〈著〉 チェ・サンホ〈絵〉
渡辺麻土香訳
晶文社 2025／2／8

9編の短編小説に15点の挿絵が挿入されているのが本書の魅力でもある。挿絵は美術的に水準の高いものではないが、そこがいい。稚拙でたどたどしく自信がなさそうだがソフィスティケイトされた色彩。じっくり見せようとするが、じっくり見る絵でもない。

でも、何かひっかかる。そして上手ではないが、上手な絵として見てあげようとする優しい気分になる。本来、美術家は無視する絵だけれど、どこかに絵の原点が見え隠れするので、あえて僕は紹介しているのである。本来の美術作品ならこんな情緒的な絵は受け入れるべきではない。

さて、本書の短編に移るが、短編の中でも特に短い「ミニョン」という無視してもいいような変な作品に僕は引っかかってしまった。

女性が目を醒《さ》ますと病院のベッドの中。なぜここにいるのか理解できない。事故？　病気？　でも元気。だけど点滴の針が腕に刺さっている。

お母さんが心配して駆けつけて、「ミニョン！」と声をかけて彼女を抱きしめるが、「私はミニョンではない」。第一、彼女の母は何年も前に死んでいる。話に出るチャン君という人も知らない。

「私は自分が何者であるかはわかります。決して頭がおかしくなったわけではありません」そうなるとおかしいのはこの小説の作家である。ここで私画家の創作について意見を述べさせていただきます。

画家の私はキャンバスの前に向かう時、自分が何をしたいのかということがわからないまま立ちます。作品の意味も目的も全てはずして、無心にキャンバスの前に立ちます。そしてその時の生理と気分と空気を頼りに身体を絵に預けます。そしてこんなのができちゃいましたと言う。

この小説はそんな作品で、作家は小説に書かされた結果の小説です。作品は時には作者を超越して自力が他力の下僕になった時傑作が生まれる。

夏目漱石　美術を見る眼

ホンダ・アキノ

平凡社　2025／3／1

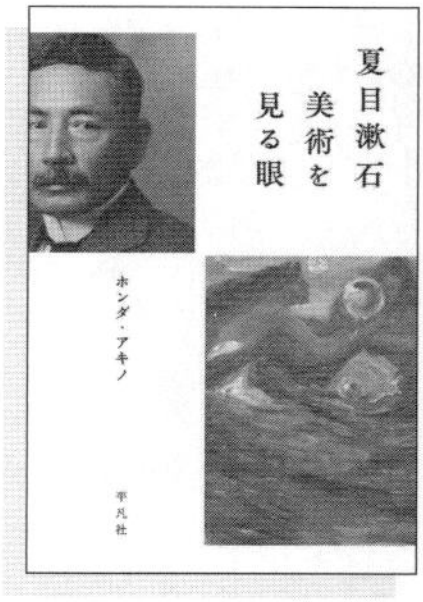

「芸術は自己の表現に始つて、自己の表現に終るものである」

　と、漱石は一体誰に対して？　同時代の他者、それとも自己に対して？　実に大上段に構えた宣言である。漱石の確信に満ちたこの言説を共有した芸術家はどれほどいたのか、いなかったのか。

　漱石はしばしば芸術家のエゴを嫌悪したが、芸術家にとって創造に於けるエゴは不可欠でもある。創造の出発は私という自我意識を無視しては存在しない。芸術がエゴという「個人」を入り口として「個」という普遍性に至るということは重要な創造原理である。

　芸術家からすれば文学者漱石は絵好きの門外漢である。文学者の絵好きは結構多いが、彼等はある種の趣味の域を超えない。文学者の書く文章は一回殺さないと文学にならず、観念の表出でしかない。観念は死である。それに対して絵画は生であり、肉体である。故に美術は文学と共有する必要がない。

漱石は再び語る。「芸術は自己の表現に始つて、自己の表現に終るものである」

だけど美術家は漱石のように自信と確信を持って言えません。美術家、画家は一体自分が何者で、その何者が、何をしたいのかなんて、自信がなくて言葉につまるのです。何をしようとしているのかがわからないのです。無責任だと思うでしょうが、これが事実で、はっきり白黒の分別をつけないのです。

なぜなら芸術は無分別だからです。とはいうものの現代美術の最先端の潮流を走るものは実に知的、感覚的です。自分が何をしようとしているかわからないと言うマルセル・デュシャンとは違うのです。彼等は観念（アイデア）的、言語的で、自分が何をしようとしているのかがわからないと言うデュシャンに私淑、信奉しながら、その実デュシャン的でないのです。では何を目的とするのか。他者なのか、自己なのか、そのどちらなのか。そのどちらでもあって、どちらでもないのです。

漱石は言うだけ言って、芸術家は「無《む》我《が》無《む》慾《よく》」であれ、と、徳を主張する。徳はわがままに生きること、つまり運命に従うこと。だけど究極の芸術は何も考えない。無我無慾の漱石の心情とクロスする。僕は美術家である故に、自分が何を考え、何をしているのかに対して、無責任であるようにしか生きられないのです。

そして人生の終末は徳で終わるべきだと考えています。なぜなら、創造そのものが徳の実践だからです。芸術それ自体が隠密行為なのです。

あとがき

最近は目がどんどん悪くなって、老眼鏡でさえ読みづらく、天眼鏡で文字を拡大して読むようになったために、本を一冊読み切るのに2週間ほどかかります。

でも時間をかけ過ぎたために本の内容をすっかり忘れてしまって、再び拾い読みをしながら再読しています。

最近は分厚い本が多くなっているので、このような本は最初から敬遠してしまって、なるべく頁数の少ない本を優先して本を選ぶようになりました。

もともと、子供の頃から絵ばかり描いていて、本を読む習慣がほとんどなかったものですから、本を一冊読むというのは大仕事です。そんな本の苦手な僕が書評の仕事をするようになったのは、一種のリファビリです。

物を考える時はいつの間にか頭で考えるというより目と身体で考える習慣がついてしまっています。といって生活の一部には活字があふれています。そんなわけで活字を無視した生活ができません。だからせめて、生活の中に書評という仕事を組み込んで活字に慣れた生活を、という意味で、本を読むことをリファビリと呼んでいるのです。

最近は記憶もどんどん薄れ、また理解力も失われつつあります。だから書評を仕事として考えることで、なんとか活字を親しむ機会をという意味で書評をお仕事にしているのです。

それと、僕の書評は他の書評家と違って、文章家ではないので、文章も下手糞だと思っていますが、あえて言葉にかかわろうとするのも、やはりリファビリかなと思います。どうも言い訳っぽくなって、大変失礼しました。

横尾忠則

本書は、２０１７年７月23日から２０２５年３月１日まで、朝日新聞に掲載された著者の書評に若干の加筆・修正を加えて一冊にまとめたものです。

協力	ヨコオズ・サーカス
ビジュアル書評提供	朝日新聞社
目次・本扉デザイン	板倉　洋
書影撮影	中村　太

フリーダ・カーロの写真（p.259）

横尾忠則（よこおただのり）

現代美術家。1936年兵庫県生まれ。'72年にニューヨーク近代美術館で個展を開催。その後もパリ、ヴェネチア、サンパウロなど世界各国のビエンナーレに招待出品。アムステルダムのステデリック美術館、パリのカルティエ財団現代美術館、東京都現代美術館、東京国立博物館など世界各国で多数の個展を開催。2012年、神戸に横尾忠則現代美術館、'13年、香川県の豊島に豊島横尾館が開館。1995年に毎日芸術賞、2000年にニューヨークアートディレクターズクラブ殿堂入り。'11年に旭日小綬章を受章、同年に朝日賞、'15年に高松宮殿下記念世界文化賞を受賞。'20年に東京都名誉都民顕彰が授与され、'23年、文化功労者、日本芸術院会員に選出される。著書に、『本を読むのが苦手な僕はこんなふうに本を読んできた』、小説『ぶるうらんど』（第36回泉鏡花文学賞）、『言葉を離れる』（第32回講談社エッセイ賞）、小説『原郷の森』ほか多数。

横《よこ》尾《お》忠則《ただのり》 2017—2025 書評集《しょひょうしゅう》

2025年4月30日初版1刷発行

著　者 —— 横尾忠則
発行者 —— 三宅貴久
装　幀 —— 横尾忠則
フォーマット —— アラン・チャン
印刷所 —— 萩原印刷
製本所 —— ナショナル製本
発行所 —— 株式会社光文社
東京都文京区音羽1-16-6(〒112-8011)
https://www.kobunsha.com/
電　話 —— 編集部03(5395)8289　書籍販売部03(5395)8116
制作部03(5395)8125
メール —— sinsyo@kobunsha.com

 ISBN 978-4-334-10622-5
JASRAC 出 2501153-501

1334
世界夜景紀行
丸田あつし
丸々もとお

夜景をめぐる果てしなき世界の旅へ――。世界114都市、602点収録。ヨーロッパから中東、南北アメリカ、アジア、アフリカまで。夜景写真&評論の第一人者が挑んだ珠玉の情景。

978-4-334-10447-4

1335
働かないおじさんは資本主義を生き延びる術《すべ》を知っている
侍留啓介

起業家にも投資家にもならず、この社会の「勝ち組」になることは可能か？　商社・コンサル・起業を経て経営科学を修めた著者が、実務経験と学識をもとに現代日本のキャリア観を問い直す。

978-4-334-10473-3

1336
つくられる子どもの性差
「女脳」「男脳」は存在しない
森口佑介

男児は生まれつき落ち着きがない、女児は発達が早い――子どもの特徴の要因を性別に求めがちな大人の態度をデータで一刀両断。心理学・神経科学で「性差」の思い込みを解く。

978-4-334-10474-0

1337
ゴッホは星空に何を見たか
谷口義明

《ひまわり》や《自画像》などで知られるポスト印象派の画家・ゴッホ。彼は星空に何を見たのか？　どんな星空が好きだったのか？　天文学者がゴッホの絵に隠された謎を多角的に検証。

978-4-334-10475-7

1338
全天オーロラ日誌
田中雅美

カナダでの20年以上の撮影の記録を収め、同じ場所からの撮影や一度きりの場所まで、思い立った場所での撮影日誌。第一人者が追い求めた、季節ごとに表情を変えるオーロラの神秘。

978-4-334-10476-4

1339
哲学古典授業
ミル『自由論』の歩き方
児玉聡
なぜ個人の自由を守ることが社会にとって大切なのか？　この問いに答えた『自由論』は現代にこそ読むべき名著。京大哲学講義をベースに同書をわかりやすく解く「古典の歩き方」新書。
978-4-334-10508-2

1340
グローバルサウスの時代
多重化する国際政治
脇祐三
米中のどちらにも与《くみ》せず、機を見て自国の利益最大化を図る。インドや中東、アフリカ諸国の振る舞いからグローバルサウスの思考体系と行動原理を知り、これからの国際情勢を考える。
978-4-334-10509-9

1341
映画で読み解く
イギリスの名門校《パブリック・スクール》
エリートを育てる思想・教育・マナー
秦由美子
世界中から入学希望者が殺到する「ザ・ナイン」とは何なのか。エリートを輩出し続けるパブリック・スクールの実像を、「ハリー・ポッター」シリーズをはじめ7つの映画から探る。
978-4-334-10510-5

1342
海の変な生き物が教えてくれたこと
清水浩史
外見なんて気にするな、内面さえも気にするな！　水中観察30年の海と島の達人が、「地味で一《ひ》癖ある」「厄介者」なのになぜか惹かれる10の生き物を厳選、カラー写真とともに紹介する。
978-4-334-10511-2

1343
イスラエルの自滅
剣によって立つ者、必ず剣によって倒される
宮田律
民間人に多大な犠牲者を出し続けているハマスとイスラエルによる「ガザ戦争」。イスラエルはなぜ対話へと舵《かじ》をきらずに平和が遠のいているのか。その根源と破滅的な展望を示す。
978-4-334-10543-3

1344
知的障害者施設　潜入記
織田淳太郎

知人に頼まれ、「知的障害者施設」で働きはじめた著者が見たものとは？　入所者に対する厳罰主義、虐待、職員による「水増し請求」——驚きの実態を描いた迫真のルポルタージュ。

978-4-334-10544-0

1345
だから、お酒をやめました。
「死に至る病」5つの家族の物語
根岸康雄

わかっちゃいるけど、やめられない……そんなアルコール依存症の「底なし沼」から生還するためには、何が必要なのか。五者五様の物語と専門家による解説で、その道のりを探る。

978-4-334-10545-7

1346
恐竜はすごい、鳥はもっとすごい！
低酸素が実現させた驚異の運動能力
佐藤拓己

中生代の覇者となった獣脚類、その後継者である鳥は、低酸素への適応を通じなぜ驚異の能力を獲得できたのか。地球の歴史と共に、身体構造や進化の歴史、能力の秘密に、新説を交え迫る。

978-4-334-10546-4

1347
地方で拓《ひら》く女性のキャリア
中小企業のリーダーに学ぶ
野村浩子

地方の中小企業で地道にステップアップした女性リーダーたちをベテランジャーナリストが徹底取材。本邦初、地方で働き続けたい女性、そして雇用者のための「地元系キャリア指南書」。

978-4-334-10552-5

1348
ひのえうま
江戸から令和の迷信と日本社会
吉川徹

1966（昭和41）年、日本の出生数が統計史上最低を記録した。干支《えと》にまつわる古くからの迷信は、なぜその年にだけ劇的な出生減をもたらしたのか？　60年周期の「社会現象」を読み解く。

978-4-334-10553-2

光文社新書

1349
バスケットボール秘史
起源からNBA、Bリーグまで
谷釜尋徳

19世紀末に宗教界の生き残り策として生まれたバスケットボールの世界的な普及と日本への伝来、五輪やNBAへの挑戦、ブームからやがて文化になるまでの歴史を、豊富な資料をもとに探る。

978-4-334-10554-9

1350
関係人口
都市と地方を同時並行で生きる
高橋博之

地方だけでなく都市も限界を迎えている日本にとって「関係人口＝地域外に拠点を置きながら地域と継続的に関わる人々」は救いの哲学となるのか？　情熱的な新・地方創生論。

978-4-334-10585-3

1351
日本一ややこしい京都人と沖縄人の腹の内
仲村清司

京都人＝イケズ!?　沖縄人＝排他的!?　実際はどうなの――!?　京都に拠点を置きながら沖縄に通う生活を送る著者が、両地の知られざる〝遠くて近い、深い関係〟に着目した本邦初の一冊。

978-4-334-10586-0

1352
文化系のための野球入門
「野球部はクソ」を解剖する
中野慧

一高、天狗倶楽部、朝日新聞、武士道、ニュージャーナリズム、スポーツ推薦、スクールカースト、女子マネージャー……。これまで顧みられなかった「日本の野球文化」を批評する。

978-4-334-10587-7

1353
37歳で日本人最速投手になれた理由
これからの日本野球
齋藤隆

ベイスターズとイーグルスで日本一、MLBドジャースで地区優勝。NPBもMLBも知悉した著者による野球論、ピッチング論、トレーニング論、コーチング論、ビジネス論。

978-4-334-10588-4

1354
75歳・超人的健康のヒミツ
「スーパー糖質制限」の実践
江部康二

歯・耳・目、全てよし、内服薬なし、血圧・体重も維持、夜間尿なし…52歳で糖尿病を発症も、若さと健康を保っている糖質制限のパイオニア医師が、あらゆる角度から元気の秘訣を公開。

978-4-334-10589-1

1355
締め切りより早く提出されたレポートはなぜつまらないのか
「先延ばし」と「前倒し」の心理学
安達未来

人間には「先延ばし派」と「前倒し派」がいる。やたらと称賛されがちな前倒し派には深く考えることが嫌いな傾向、先延ばし派には創造性が高い傾向もある。行動の癖を心理学で解く！

978-4-334-10619-5

1356
自分の弱さを知る
宇宙で見えたこと、地上で見えたこと
野口聡一
大江麻理子

三度の宇宙飛行を経験した宇宙飛行士と、『WBS』の元キャスターは、葛藤や挫折とどう向き合ってきたのか。ストレス、人間関係から組織論まで。「心が折れる時代」を生きるヒント。

978-4-334-10620-1

1357
介護と相続、これでもめる！
不公平・逃げ得を防ぐには
姉小路祐

介護・相続トラブルを防ぐには？　実体験をベースに、ナマの声を拾って見えてきた日本の社会構造的な欠陥。超・高齢社会で「転ばぬ先の杖」として大事な心構えとは。核心をつく提言。

978-4-334-10621-8

1358
横尾忠則2017―2025書評集
横尾忠則

創造の秘密から死後の世界まで――。朝日新聞の書評欄で著者が取り上げた全138冊を収録。読者に新鮮な驚きを与えた実験的な書評、「見る書評」の「ビジュアル書評」も全点掲載！

978-4-334-10622-5